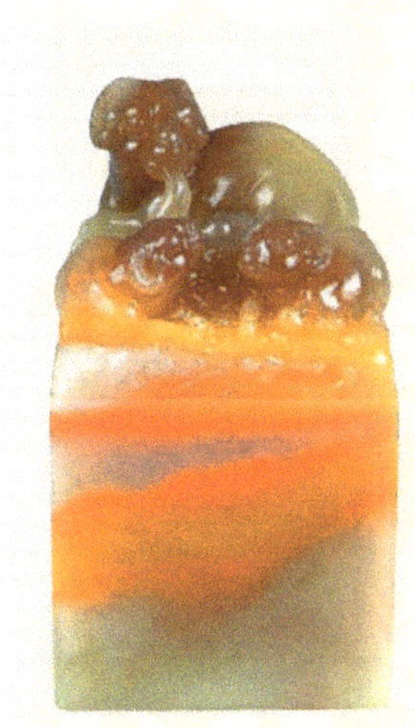

天下收藏

印石

张庆麟　编著

上海科学技术出版社

图书在版编目 (CIP) 数据

天下收藏. 印石/张庆麟编著. —上海：上海科学
技术出版社，2017.5
ISBN 978-7-5478-3536-4

I.①天… II.①张… III.①石雕-印章-收藏-中
国 IV.①G262

中国版本图书馆CIP数据核字（2017）第063740号

印石

张庆麟 编著

上海世纪出版股份有限公司
上 海 科 学 技 术 出 版 社 出版
（上海钦州南路 71 号 邮政编码 200235）
上海世纪出版股份有限公司发行中心发行
200001 上海福建中路 193 号 www.ewen.co

印张 5
字数 120 千字
2017 年 5 月第 1 版 2017 年 5 月第 1 次印刷
ISBN 978-7-5478-3536-4/G·773
定价：28.00 元

目 录

二、青田石　59

五、其他著名印章石　138

一、寿山石

寿山石是我国最著名的印石，因最早发现于福建省福州市北郊的寿山而得名。

（一）寿山石史话

寿山石的开采利用，就目前的资料看，可追溯到 5 000 多年前。1958 年《考古学报》第二期发表福建省文物管理委员会专家曾凡的《福州浮村遗址发掘》

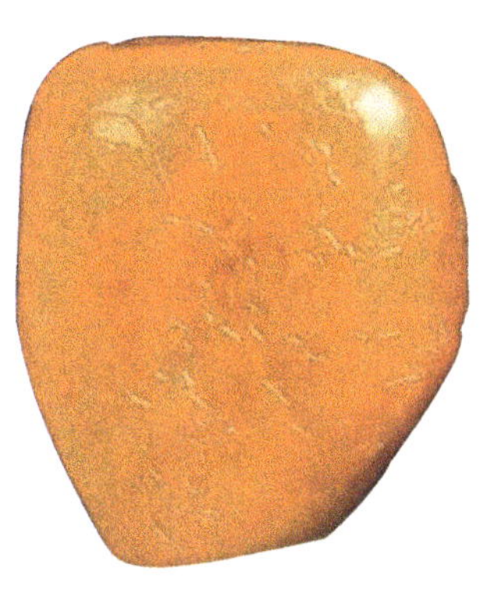

让许多人为之疯狂的田黄

称：在距今约 5 000 年前该新石器遗址出土有 25 件石器，经福建地质局鉴定其材质有燧石、寿山石、玛瑙、滑石等九种，而以寿山石为最多。其中寿山石镞一件，系人工磨制而成，它两面里脊，柳叶状，横断面作菱形，残长 4.4 厘米、宽 1.5 厘米、厚 0.5 厘米；此外，还有寿山石凿 2 件、寿山石残石器 9 件、寿山石锛 5 件，石凿的形状如锛，顶刃同宽，面微凸底平磨制相当精巧。

1954 年、1956 年，人们先后在福州仓山桃花山、仓山乐群路和北郊二凤山出土南朝（420 ～ 589）时期用寿山老岭石制作的石猪殉葬品。证明在 1 500 多年前的南朝，福州地区已形成雕刻寿山石猪作为殉葬品

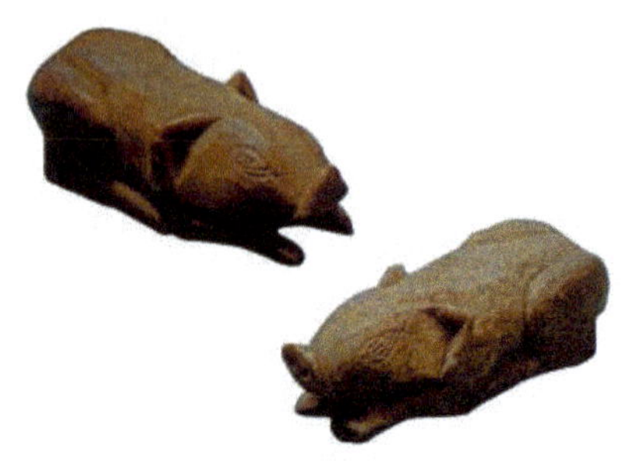

南朝墓葬出土的寿山石猪

的风气，并初具规模。这种利用福州寿山石之名隐喻"福寿"，用于祈求冥福的习俗很可能已影响到全国各地。唐代，寿山广应寺的和尚用寿山石刻成佛珠、佛像、香炉等，送"福"给施主。这是给活人求福的开始。宋代，寿山石更是登上皇宫求福的祭坛。

至少在宋代，寿山石已获文人雅士的注意和喜爱。南宋淳熙九年（1182 年）梁克家的《三山志》是一本已知最早对寿山石作了记叙的书。该书"寿山广应院"条记载："寿山石洁净如玉，大者可一二尺，柔而易攻，盖珉类也。五花石坑，相距十数里，红者、绀者、紫者、髹者，惟艾绿者难得。止若登山，视罅凿之，仅容身，仍侧肩入……今益深远矣。"可见他对寿山石已有很高的评价——"洁净如玉"，并指出了寿山石得来之不易。另一文人祝穆在《方舆胜览》中也记有："寿山石出怀安县稷下里"（注：宋时寿山乡属怀安县）。南宋著名诗人黄干有题为《寿山》七绝一首，诗中有"石为文多招斧凿"之句，所指的也是寿山石。可见当时寿山石已广为人知。

元末，传说朱元璋曾一度流落到寿山，睡在古洞里，用寿山石当枕头，却不意间治好他的癫头病，因此他认为寿山石是大福之石。后来他当了明朝的第一个皇帝，就特别选用寿山石刻制印玺，文曰："大明皇帝之宝"。此外，明代皇帝用寿山石制成印玺的还有"成化皇帝之宝""成化御书之宝" [成化是明代第八个皇帝的年号（1465 ~ 1487）] 等，现存北京故宫博物院。不过，这时用寿山石制印还未得到普及。

16 世纪初明代篆刻家文彭（1498 ~ 1573）大量使用青田石制印。寿山石作为一种与青田石十分近似的石料，自然也立刻受到了制印家们的珍视；而且人们在继承古代玉玺、铜印等钮饰技艺的基础上，把寿山石印钮的雕凿也推向了一个新的高度。如从现存的明思想家李贽

（1527～1602）的寿山石印章，就可看到当时寿山石章的钮头雕刻及篆刻与印文边款，已达到相当高的水平。此外，明代的何乔远的《闽书》、黄仲昭的《八闽通志》等也都有关于寿山石的记叙，但大多仍沿袭《三山志》的记载。

明万历壬辰（1592）进士谢肇淛就曾对寿山石做过品述，认为：艾叶绿第一，丹砂次之，羊脂、瓜瓢红又次之。谢曾历任布政等职，长期位居高层，当有机会接触寿山石的名优品种，故有可能对寿山石作出品比，但却未提及田黄，可见田黄的发现当在其后。据施鸿宝《闽杂记》载："明末时有担穀入城者，以黄石压一边，曹节愍公（即曹学佺）见而奇赏之，遂著于时"。可见田黄是在后来才被文学家曹学佺（1574～1647）所发现和收藏。

延入清代，寿山石的采掘十分兴盛，名品的价格也节节上升。毛奇龄的《后观石录》曾记："康熙戊申（1668），闽县陈公子越山，忽赍粮采石山中，得妙石最伙，载至京师售千金。每石两辄估其等差，而数倍其直，甚有直至十倍者。自康亲王恢闽以来，凡将军督抚，下至游宦兹土者，争相寻觅"。他又说道："山为之空，近则入山无一石矣。然后收藏家分别其归藏者，以田坑为第一，水坑次之，山坑又次之。每得一田坑，辄转相传玩，顾视珍惜，虽盛势强力不能夺。石益鲜（少），价直益腾（扬），而作伪者纷纷日出，至有假他山之石

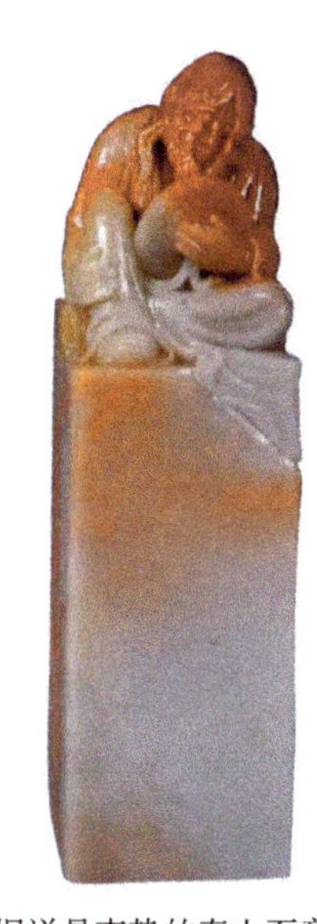
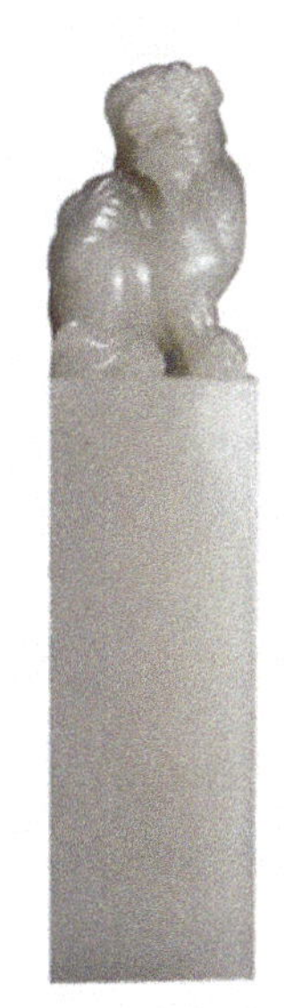

据说是李贽的寿山石章　　寿山汶洋石古兽钮方章，
28×29×126（毫米）

3

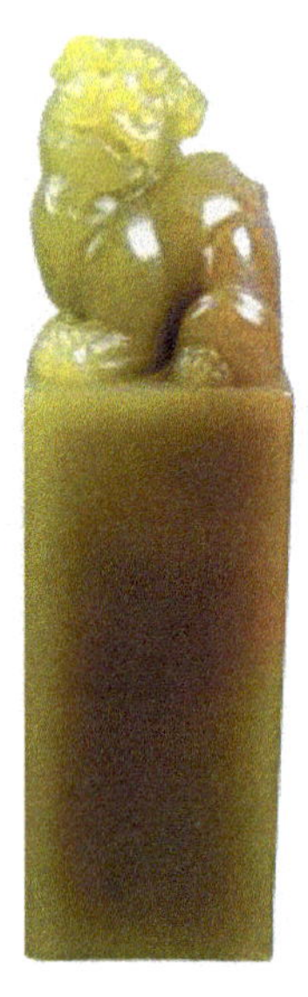

寿山月尾绿

以乱真者"。可见当时人们对寿山石的追逐，不仅山为之空，还出现大量的乱真的赝品。

清代，对寿山石的研究也上升到一定的理论水平。康熙六年（1667）出现了有关寿山石的第一部专著《观石录》，它由福州学者高兆所著，虽然全文仅2 700字，但书中率先对寿山石进行了"山坑""水坑"的简单分类，并对140余枚寿山石作了描述和评价，分神、妙、逸三品，并言及石雕名人潘子和、谢奕、杨玉璇等人的艺术技巧，总结了他们雕刻寿山石"相石""解石"及磨光的经验。稍后，客居福州的浙江文人毛奇龄在康熙二十六年（1687）又著《后观石录》，全文3 600多字，对49枚寿山石作了"品玩"式的记录，并进一步提出"山、水、田"三坑之说。他们的这些观点至今仍普遍被人们所接受。

清代也是寿山石雕发展的鼎盛时期，名家辈出，逐渐形成福州石刻的"西门"与"东门"两支艺术流派。西门派刻制的各种印章，有各种兽钮、线刻与薄意雕等；东门派除刻各种印章钮头外，还善于利用石之自然形状与色泽，刻制各种人物、动物等。两派还都涌现出享誉一时的名家，如东门派的郑仁蛟、林友清，西门派的林清卿等，都是杰出的代表。

（二）寿山石矿区概况

寿山石已知主要产于福州市北郊的寿山、月洋两乡境内。矿区处于福州平原以北的高山峻岭之中。东与连江县接壤，北近罗源县境，四周群山环抱，峻岭连绵，寿山一带海拔高约1千米，并与九峰、芙蓉成三山鼎峙之势，村庄及农田零星分布于山间洼地之中，风景十分幽静清奇。这里气候温和，四季宜人。早在唐代，就在这个僻静的山区里兴建有数座大禅寺。宋代鼎盛时，曾云集僧徒数千之众。寿山石矿即散布于这些群峦、溪野之间。

相传天地初成，女娲补天时，余有五彩石。当她途经寿山、九峰、芙蓉三山时，见这里山峦峻秀，苍郁滴翠，溪水潋滟，景色十分秀丽。女娲在赞赏之余，便将剩下的余石撒在这山山水水之间，遂成为后来的寿山石。当然这只是一个美丽的神话，关于寿山石的成因，它是地质时期侏罗纪喷发出来的火山灰一类的喷出物，又经后期的水热变质作用，演化而成的产物。至于寿山石矿的分布范围究竟多大，由于迄今未曾对这里进行过全面的地质勘探，故目前还不是十分清楚。已知矿区大致西始旗山、东抵连江；北起锐洋，南达月洋，方围约 100 多平方千米。其又可区分为寿山和月洋两个小一级的矿区。

1. 寿山矿区

可再分为几个矿系。

（1）中心矿系

也称里洋矿系。位于寿山乡里洋，包括虎岗山，和内、外洋隔界的栲栳山与狮头等矿，以产山坑石为主。

（2）南面矿系

位于寿山乡南面 1 ~ 2 千米。主要分布有高山（包括白水黄）、坑头两个矿系，并集中有较多的矿洞。这里不仅产有多种山坑石，还是水坑石、掘性石和田石的主要来源，是许多优质寿山石的供应地。

（3）东南矿系

位于寿山乡东南 2 ~ 3 千米。有都成坑（包括芦荫、鹿目格、碓下黄等）和月尾（包括回龙岗）两个矿系，主要产出山坑石和部分掘性石。

（4）东面矿系

位于寿山乡东面 2 ~ 4 千米。有金狮公（包括房栳岩、野竹桁等）、吊笕（包括鸡角岭）和连江黄（包括山仔濑），以产山坑石为主。

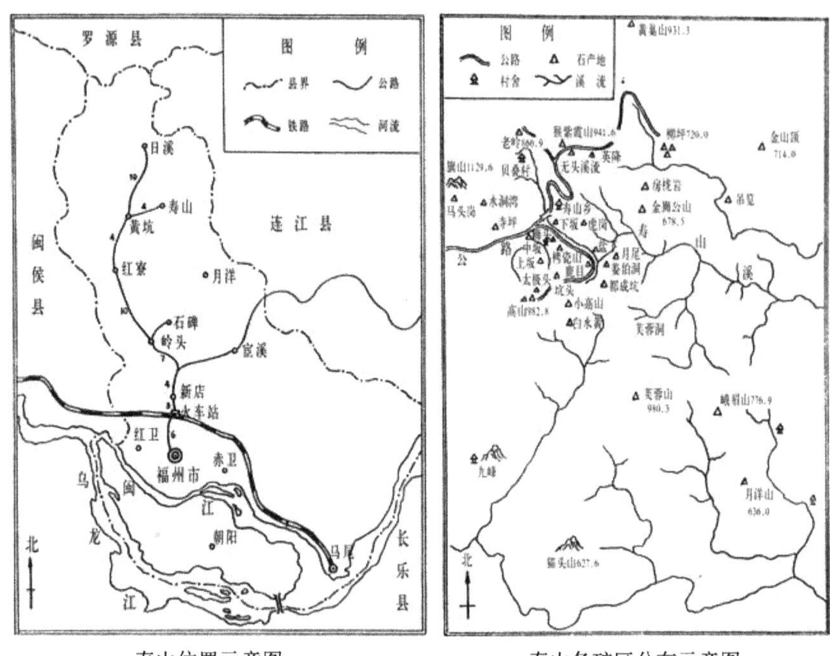

寿山位置示意图　　　　　　寿山各矿区分布示意图

（5）东北矿系

位于寿山乡东面 3 千米附近的柳坪尖一带。产有柳坪石、黄洞岗等山坑石。

（6）北面矿系

位于寿山乡之北约 2 千米外的猴柴潭山，并继续向北延至黄巢山一带，包括猴柴潭、老岭、大山、旗降、锐洋等产坑，以产山坑石和部分掘性石为主。

（7）西面矿系

也称旗山矿系。位于寿山乡西面约 2 千米的旗山（又名麒麟山）一带。这里的石质大多地开石化的程度不足，故石质坚顽，被人称为"旗山砖"。不过，这里也产有少量品质尚佳的品种，如马头岗、水洞湾、牛蛋黄等。

2. 月洋矿区

距寿山矿区东南 4 ~ 7 千米一带。这里的寿山石发现相对较晚，除清代有少量零星开采外，主要是民国以来发现和采掘的。1972 年，福建省地质部门曾对本区的峨眉山矿床进行了较全面的勘探，证实矿体大部分分布于地表和浅部，并主要呈不规则透镜状或脉状分布，计有矿体近百条，总计矿石储量数千万吨，其中优质的可用作印石的约 6 百万吨。已知较著名的品种有：芙蓉石、竹头窠、峨眉石、溪蛋等。

人们一般认为，虽然早在 5 000 多年前的新石器时期，已有寿山石的利用，但毕竟数量十分有限，而且从当时的生产力水平推测，所用的寿山石应该是来自捡拾。即使是 1 500 多年前南朝时期的陪葬用的寿山石猪，从发掘到的仅有几件的数量，和它们个体都很小（一般仅 2 厘米左右长）来看，人们也认为制作这些寿山石猪的原料不会是开采所得，而更可能是来自山坡上的砾卵石。有较可靠记述的寿山石矿的开采，大约始于南宋。淳熙九年（1182 年）梁克家的《三山志》和祝穆的《方舆胜览》都记载：寿山石出怀安县稷下里（注：宋代寿山乡归怀安县稷下里管辖）。南宋诗人黄干有题为《寿山》的七绝一首，诗中就有"石为文多招斧凿"之句，其中斧凿当是采掘之意。不过，这时候人们开采寿山石主要是用于喻示"福寿"，并用于制作佛像、香炉等祭祀用品或陪葬用的石佣。

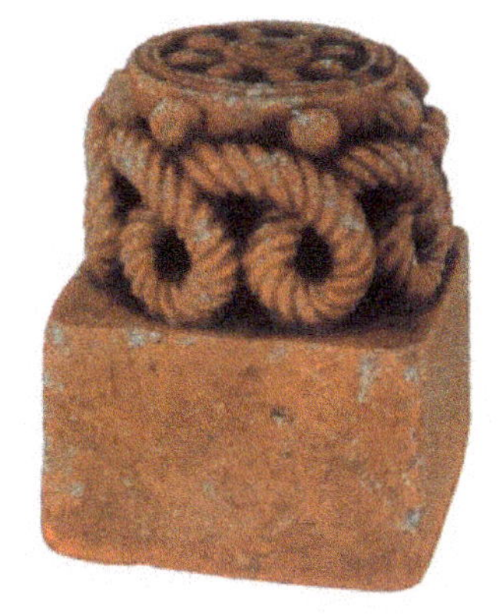

明初，虽然传说朱元璋曾用其制成"大明皇帝之宝"的印章，但这还仅是个别的案例。寿山石作为印石而被世人所广泛使用，当是在明中期，文彭等人着力开发青田石为印石之后。

明代的寿山石章及其印文

（三）寿山石的基本特征

寿山石作为印石，是一种主要由呈隐晶质或微晶质的含水层状硅酸盐组成的岩石。20世纪80年代以前，人们曾经认为组成寿山石的矿物主要是含水层状硅酸盐中的叶蜡石，但续后更详细的研究证明，叶蜡石仅是寿山石中个别品种的主要组成矿物，更大多数的寿山石是由其他的含水层状硅酸盐组成，其中最重要的是地开石。

根据矿物组成的不同，寿山石可区分为四种类型：

1. 地开石型

又可分为三个亚型。

（1）纯地开石型

如寿山石中的高山石和月尾石等品种。

（2）以地开石为主、少量叶蜡石型

如寿山石中的马背、杜林、旗降、无头佛、小旗降等品种。

（3）以地开石为主、少量伊利石型

如寿山石中的部分善伯和月尾等品种。

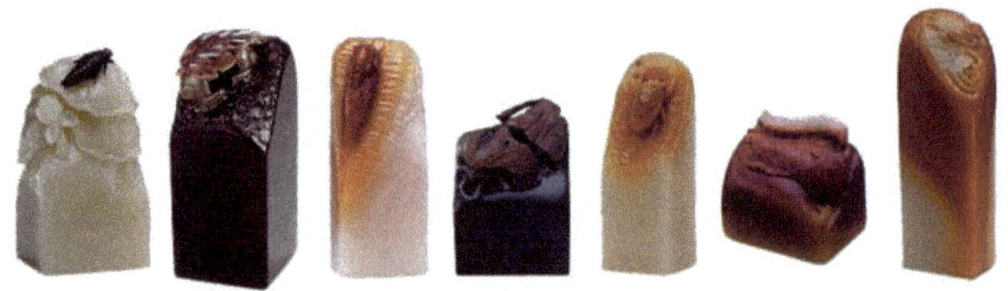

不同色系的寿山石

2. 叶蜡石型

也可分为三个亚型。

（1）纯叶蜡石型

如寿山石中的旗山、虎嘴、大山等品种。

（2）以叶蜡石为主、少量地开石型

如寿山石中的大山、虎岗等品种。

（3）以叶蜡石为主、少量绢云母型

如寿山石中的老岭等品种。

3. 绢云母型

通常含有少量叶蜡石，如寿山石中的汶洋等品种。

4. 伊利石型

如寿山石中部分的月尾、善伯等品种。

其实，除了上述四种类型外，寿山石中还有一些是以珍珠陶土或高岭石为主要成分的，只不过它们数量较少，并大多夹杂于其他类型之中，所以没有将其单独划出。

寿山石尽管存在这样一些矿物组成不尽相同的类型，但所有的这些组成矿物，都无例外是含水层状硅酸盐的一种，它们的化学成分虽然略有差异，但晶体结构相似，物理化学性质也十分近似，采用简单的方法很难将它们一一区分开来，而且从印石利用的角度来看，它们也无实质性的差异，所以实用上人们一般不对其再作这样仔细的矿物学划分。

在寿山石中，除了上述的各种主要组成矿物外，还时而夹杂有微量的其他杂质矿物，其中最常见的有石英、明矾石、水铝石、红柱石、绿帘石、黄铁矿、赤铁矿和褐铁矿。它们由于硬度偏大，通常构成为石中的砂钉或瑕斑。

从化学成分看，寿山石的主要组成元素是硅、铝、铁、钛，次要元素有钙、镁、钾、钠，另还通常包含有多种微量元素，如钼、锌、铜、铬、镍、钴、钒、锡、铅、锑、钪等。人们认为寿山石之所以有着丰富的色彩，与铁的存在和这些微量元素的加入有着不可分割的关系，其中铁起到尤其重要的作用。

已知寿山石有着几乎所有可能的色彩，如白、乳白、米白、黄白、灰白、红、粉红、大红、紫红、深红、褐红、暗红、黄、淡黄、金黄、深黄、褐黄、灰黄、土黄、绿、浅绿、苹果绿、豆绿、艾绿、黄绿、褐、深褐、暗褐、棕、赭、黑、灰、蓝灰、浅蓝、紫和无色等。其中尤以不同程度的红色和黄色最为多见。

在透明度方面，寿山石多为半透明、微透明到不透明，但也有少数可以达到亚透明，甚至近于透明。如被称为"水晶冻"的品种，就可达到近于透明或亚透明的程度；大多数具有"冻"之称的品种，则具有半透明到微透明的透明度。另外，由于组成成分上的变异，在同一块石料上也常常可以看到不同的部分有不同的透明度；也有的在不透明的底质上点缀着星点状的透明度较好的斑点；或者反过来，在透明度较好的冻底上，散布着一些透明度不好的不规则石花。

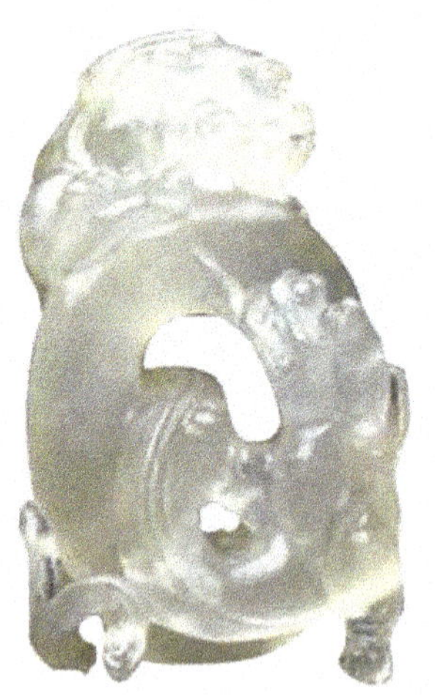

寿山水晶冻

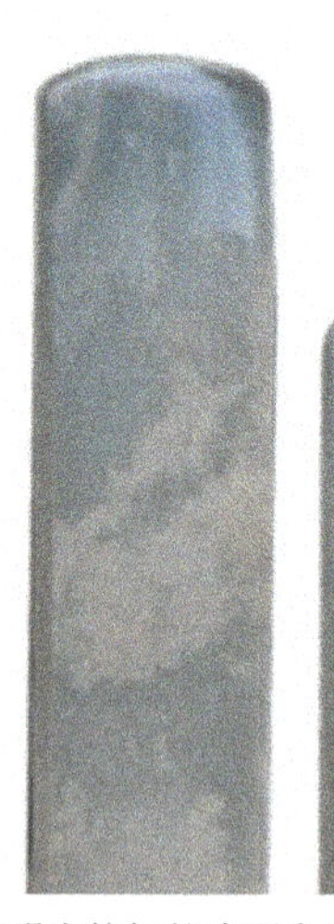
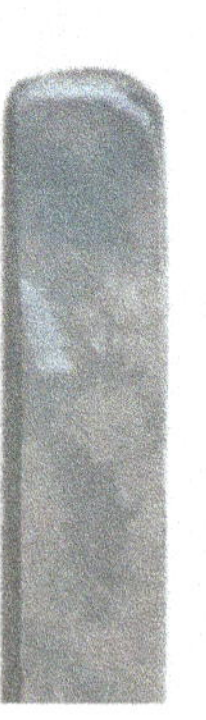
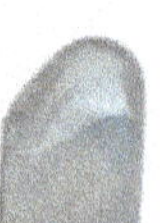

在透明度较好的冻石中夹杂有透明度差的石花

寿山石的光泽一般较弱，未加工的料石，多呈土状光泽；抛光面多呈蜡状光泽；部分透明度较好的也可具有油脂光泽；少数含有较多石英微晶及一些经过煅烧处理的，则可具有玻璃光泽。

寿山石的折射率一般在 1.56 左右。在长波紫外光照射下，有的有弱的乳白色荧光，但多数无荧光。一些经人工作假处理的寿山石（如用树脂类有机物对裂缝进行修补、填充者）则在作假处常可见有荧光。

寿山石的硬度一般介于 2 ~ 3；但含杂质矿物较多的，硬度会偏高。其韧性尚好，适宜镌刻。若因故折断，其破裂的断口，一般呈较光滑的贝壳状。

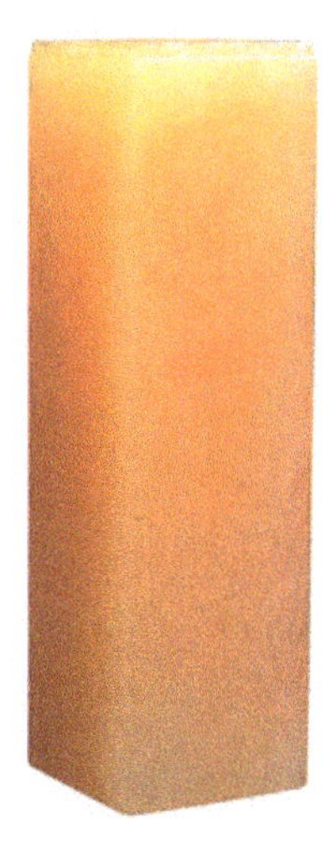

寿山石黄荔枝冻博古钮方章
30×30×106（毫米）

寿山石的相对密度一般为 2.57 ~ 2.84。其中以地开石为主成分的寿山石，相对密度一般偏低，常介于 2.57 ~ 2.67；以叶蜡石为主成分的，其相对密度则常偏高，一般为 2.80 ~ 2.84；以伊利石为主成分的，相对密度一般趋中，为 2.7 ~ 2.8。但也不尽然，因为相对密度的大小还会受所含杂质矿物的数量和种类的影响，如若含有较多的铁质矿物或红柱石、绿廉石等，都会使其相对密度偏高。

寿山石的化学稳定性尚好，对一般的弱酸弱碱有一定的抗腐蚀能力。但由于其主要组成成分都是一些含水矿物，所以不能耐受高温，也忌长时间的烈日曝晒。

好的寿山石质地致密均匀，但也有的会有一些瑕疵。最常见的瑕疵是裂和格。裂（包括绺）大多是在开采或搬运、加工过程中产生的破裂纹。它们都是新近形成的，没有充填物的开放型破裂。有的虽非常细小隐蔽，不易发现，但若涂抹水或油，就会看到裂纹处显示出水湿痕。格则形成于地质时期里，是那些已被充填物胶结愈合的封闭型裂隙。其中被铁质充填的所谓"色格"一般可不作为瑕疵看待，有的可视作点缀印石的纹饰，有的还被用作鉴别田坑石的依据。但若是泥沙充填的所谓"粉格"，则因其胶结相对疏松，易于沿格纹重新破裂，所以对寿山石的评价是不利因素。寿山石中的瑕疵还包括由杂质矿物构成的砂钉和砂团，它们通常是一些硬矿物。毫无疑问它们的存在对印石的评价是极为不利的。

（四）寿山石的两大类别

人们对寿山石进行分类，主要是根据其产坑的地名、产出的环境（即产状）和石色与呈像的特征，进行品种的划分。已知寿山石的品种有上百种之多，但根据其产出状态的不同，可将其区分为两大类、四个品类。现简介如下。

1. 原生矿石

原生矿指在地质历史时期，通过水热变质作用形成的。目前仍产在原始岩石中的寿山石。它可分为两个品类：

（1）山坑石

指产在寿山、月洋各地山峦岩石中的寿山石，是分布最广最常见的寿山石。其石质因脉系及产地不同，而各有特色。有的虽同出一地，也因矿洞之别而有石质之差。故山坑石名目品种特别多，皆以外观特征加产地来命名。著名的有高山石、白水黄、柳坪石、芙蓉石等。

从其矿物组成来看，既有地开石型，也有叶蜡石型，或伊利石型，再或绢云母型。山坑石因大多缺乏后期地下水的进一步浸润，致使其水化程度不足，石质偏坚，时还夹杂有少量未完全变质的火山凝灰质的残余，所以品质相对较差。清代高兆的《观石录》云："山坑发之山蹊，姿暗然，质微坚，往往有砂隐肤里，手摩挲则见"。故民间向有"田坑为第一，水坑次之，山坑又次之"之说。但这并不等于说，山坑石中就没有优质品种。如有"寿山三宝"之称的田黄、白芙蓉和艾叶绿。除田黄外，后两者都属于山坑石。

（2）水坑石

指产在离寿山乡约 1.5 千米的坑头，即寿山溪坑头支流之源附近的寿山石。此寿山石因产在溪流的近侧，长期浸泡在地下水之中（水坑之说，就是由于矿坑被淹于水中，人们要从水中取石而来），故水化程度较高，石质也相对较优，多具较高透明度的"晶"或"冻"的质地。高兆《观石录》中云："水坑上品，明泽如脂，衣缨拂之有痕"。又有"坑头冻石，莹澈而凝腻，非它石所可比拟"之说。

从矿物组成来看，水坑石主要是地开石型。其实比较一下地开石 $[Al_4[Si_4O_{10}]\,(OH)_8]$ 和叶蜡石 $[Al_2[Si_4O_{10}]\,(OH)_2]$ 的化学组成，人们当不难发现，两者在成分上的差别，除了铝含量外，最主要的就是水含量的多和少。水坑石所处的富水环境，自然有利于地开石的形成。水坑石也见有各种不同的颜色，通常以其石色和呈像来命名其不同的品种，其中较著名的有水晶冻、鱼脑冻、玛瑙冻、鳝草冻等。

2. 次生矿石

次生矿指寿山石中的原生矿，因地壳上升暴露于地表后，受到侵蚀作用的破坏，而被从原产地剥离下来，并在流水和重力的作用下，沿山坡向下滚落形成的砾卵石状的寿山石。这类寿山石都是独立一块，无根无脉可寻。根据其产出的部位，人们又将其分为两个品类：

（1）掘性石

指那些因侵蚀作用而被剥离下来的寿山石在向下滚落时，没有滚落到山脚下，而是仅滚落到半山坡就停积下来，并被掩埋在山坡的堆积层中的寿山石。由于它们都是独立一块，无根无脉可

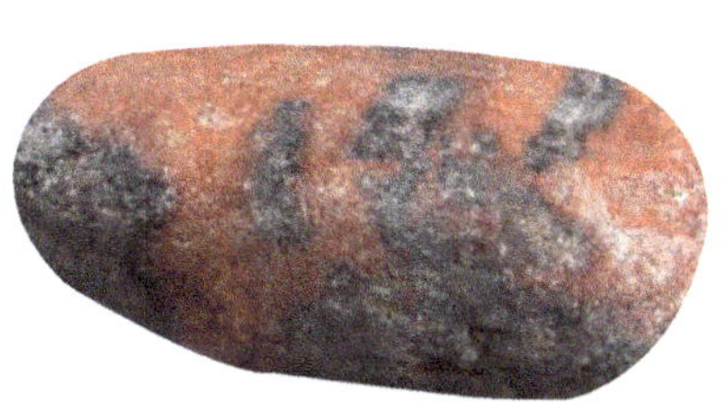

溪蛋

寻，人们只是在偶然的发掘中找到，故有"掘性石"之称（在地质学中称之为"坡积转石"）。

掘性石由于都是块度有限的独立一块，因此它比起那些仍埋藏在矿层中的寿山石，更易受到来自四周地下水的浸润，所以其品质常相对较优；但毕竟是处于山坡上，地下水不是那么丰富，因此也有的趋于一般。在矿物组成上它们有以地开石为主的地开石型，如著名的鹿目格、掘性高山石、掘性旗降石、掘性善伯洞石等；也有部分为叶蜡石型和伊利石型，前者如所谓的牛蛋石和溪蛋石，还有掘性老岭石、掘性柳坪石等，后者如掘性连江黄、掘性山仔濑石等。掘性石的主要特点除独立成块外，它的外形一般无明显棱角（但比田石棱角会明显一些）。这是因为它们都经过不同程度的滚动，棱角已被磨蚀。此外，它们还常有因岁月久远而形成的外皮，这和刚从山岩上采掘下来的山坑石所拥有的新鲜破裂面相比明显不同。

（2）田坑石

简称田石。指那些被埋藏在山下农田中的寿山石。它们实际上与掘性石一样，都是因侵蚀作用而被从原生矿中剥离下来，并在流水的携带下一直滚落到山脚，而后被埋藏于山下农田中。

田石与掘性石相比，滚动搬运的距离更长，所以外形会更浑圆，块度一般也较小，通常小者以钱、两计，大者盈斤，仅偶尔可见数斤者。田石有皮，且一般比掘性石的皮层要厚。田石，尤其是埋藏于溪流旁水田中的田石，由于长期浸润于水中，加上都是一些不大的独立块石，这就使其具有比水坑石更佳的水化条件，使水化程度更为彻底（人们还认为，农田中的水含有较多的腐植酸，它们对田石的进一步优化起到了很重要的作用），所以品质大多十分优良，故有"田坑为第一"之说。

在矿物组成上，田石属于地开石型。田石一般按颜色的不同分为若干品种，如田黄、红田、白田、黑田等。其中田黄有"石帝"之称，被视为印石之首，是当今最受人们追捧的收藏对象。关于它将在下几节中作更详细的介绍，这里不再赘述。

需要指出的是，理论上说来，田石应遍布于寿山各产坑山脚的农田中。因为只要是产在山高处的寿山石原生矿，都有可能因侵蚀作用而被剥离下来，也总是会有或多或少的那么几块，能一直滚落到山脚的农田里，成为田石。但事实上，已知的田石只零星散布于高山东南面的坑头溪及其下游寿山溪流域附近的水田里；而同在高山之下，与坑头溪仅隔数步之遥的大段溪，却至今无田石的发现，更不要说其他地方了。这究竟是什么原因？笔者认为，首先在于坑头溪的源头是产有各种优质水坑石的产地——坑头；其次则可能与该地的溪水含有目前还不清楚的化学成分，正是这种成分对田石的形成起到了促进作用。当然这一解释是否符合客观实际，还有待今后的进一步验证。另外，民间也常用"田"来称呼一些掘性石，如"鹿目格"有被称为"鹿目田"，"掘性坑头"被称为"坑头田"的。读者切莫被其混淆。

（五）几种著名山坑石介绍

山坑石是寿山石中拥有最多品种的一大品类，已知有品种近百种。现择其重要者简介如下。

1. 高山石

高山石是山坑石中最著名的品种，产于寿山地区的主峰"高山"上。这里是寿山石矿脉最富集的地方，也是寿山石开采最盛的地方，据说自宋代至今，开采从未间断。

高山石质细而微松，光而通灵，可有少数透明度甚佳的"晶"质地（被称为"高山晶"），及部分具半透明"冻"质地的"高山冻"。从颜色看，高山石鲜艳多彩，红、黄、白、紫、黑、灰、赭各色皆备；且各色中又有浓淡深浅，明暗鲜阳的变化，有纯一色的，也有多色交杂的。这种色彩的变幻，常成为高山石中一些小品种命名的依据。如单一色者，有所谓"红高山""黄高山""白高山"……其中有一些又

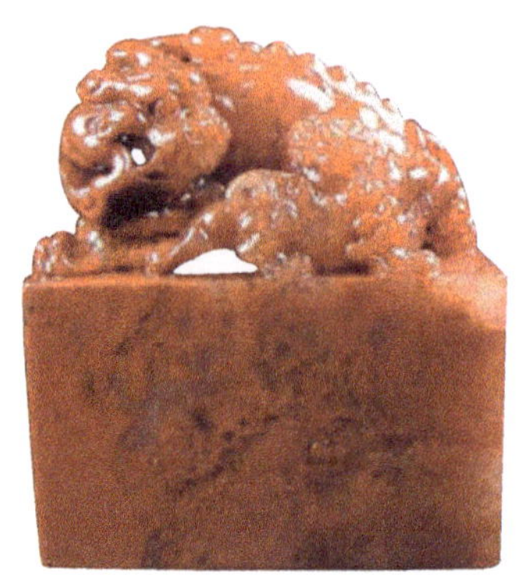

红高山冻兽钮印

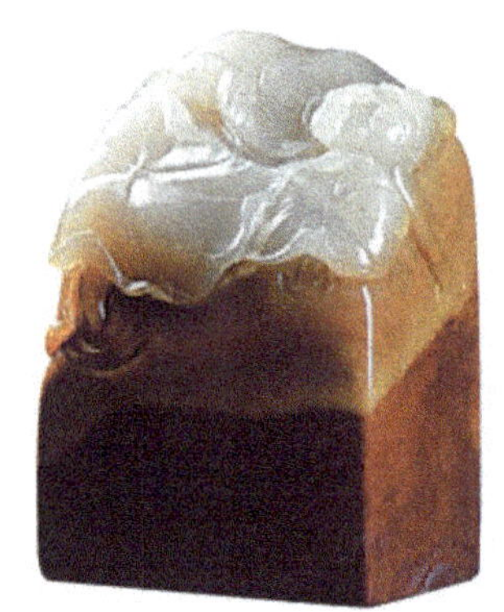

巧色高山
64×38×90（毫米）

进一步按其色泽的差异和人们熟悉的物体颜色予以命名，如同是红高山又进一步分出："荔枝红""桃花红""美人红""瓜瓤红""朱砂红""玛瑙红"等。另深红而不透明，如酒糟者称"高山糟"。若多色杂呈，或如飞云流水，或色层分明，则习称"巧色高山"。如色暗黄，并隐含半透明斜纹，状如苫草者，称"草苫高山"。高山石中也有质地较差的品种，如色白质粗欠光泽，如目鱼骨者的"目鱼骨白"；质粗如粗瓷的"高山砎"（砎音 ai，福州方言，陶器称砎）等。

高山石除以色命名外，由于各矿洞所产之石，品质也有或多或少的差异，因此人们也常常用矿洞来命名之。其中较著名的有：

（1）和尚洞

位于高山峰顶，相传是明代寺僧所凿，故名。所产之石多红色或灰蓝色，质较致密且稍坚。现已绝产，仅留遗洞和流传于民间的遗石。

（2）大洞

也称古洞。位于和尚洞的下方，相传也是古代僧侣所凿，因该洞既深且广，赛过其他矿洞，故有"大洞"之名。该洞所产之石，品质相对较优，时产有具"晶"质地或"冻"质地的"高山晶"和"高山冻"。色则以白、黄居多，也有多色交杂的。

（3）玛瑙洞

位于大洞之下，传也为明代僧侣所开，因所产之石，佳者如玛瑙，故有"玛瑙洞"之名。其石多红、黄色，遂有"玛瑙红""玛瑙黄"之称。玛瑙洞石常多裂纹。

（4）水洞

位于高山较低的山凹处，因矿层处于地下水位之下，矿洞时有积水，故名。水洞所产之石，质甚通灵，多"冻"质地，甚至"晶"质地，且有的也有所谓的"萝卜纹"（关于"萝卜纹"将在田黄一节中再予详解）。色则多白色或淡黄色，有的经油浸处理后，透明不减水晶。其实，若按大的品类划分，这里所产之石应属"水坑石"，但习惯上人们还是把它归入高山石中。

（5）嫩嫩洞

位于水洞邻近。据说洞名来自开凿人。所产之石更胜水洞一筹，色淡而通灵，也有萝卜纹，佳者堪与"坑头水晶冻"媲美。1913 年曾采出一批质甚优的嫩嫩洞石，被世人称为"民国二高山"。

（6）太极头

位于高山北麓，因该处地形如太极，故名。所产之石，质晶莹温嫩，有红、黄、白诸色；其中红者如晚霞，白者如水晶，品质甚佳，尤以 1938 年采得的一批具"晶"质地和"冻"质地者为最。

（7）新洞

是近代新开采的矿洞，故名。现已与大洞贯通。该洞所产之石是当代寿山石石料的最主要来源。所产之石常被称为"新高山"，虽然各色皆备，但石质偏松软，品质较一般。

高山石还有来自其他矿洞的，如还有油白洞、大健洞、世元洞、四股洞……这里不再一一介绍。

高山石中还有一种深受人们喜爱的著名品种——高山桃花石（若透明度较高，也称"桃花冻"）。它呈微透明至不透明，多为白色、黄色中带细密的大小不一、深浅不同的红色斑点，似三月桃花洒落水中，

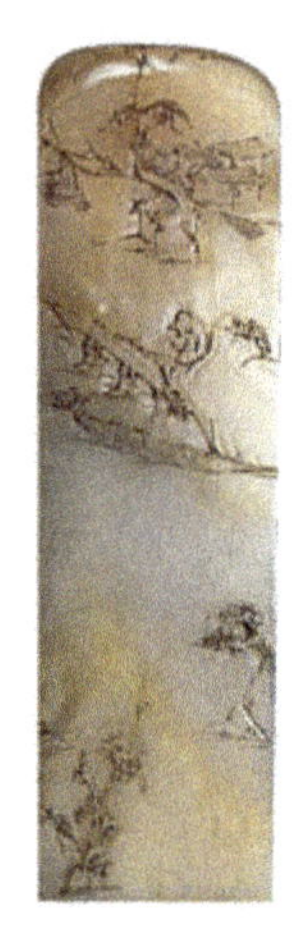

太极头白冻
41×39×145（毫米）

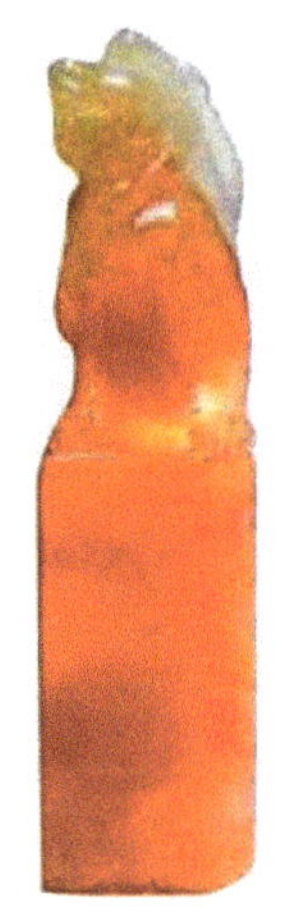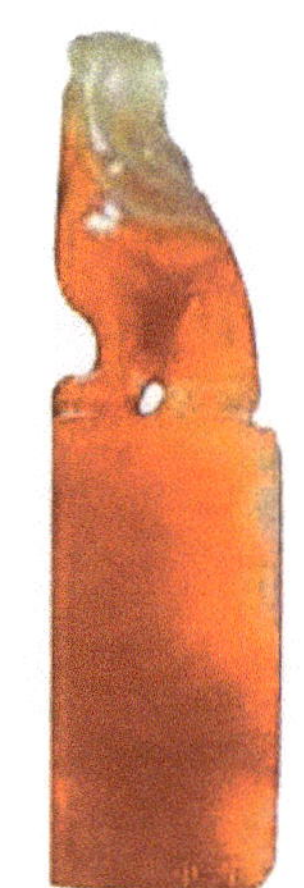

高山桃花石

凝视之似有移动感。测试表明，其主要组成矿物为地开石及少量叶蜡石和石英微晶，并具显微鳞片变晶结构，块状构造。红色斑点则由赤铁矿构成。赤铁矿具两种结晶形态，一种具良好晶形；另一种不具晶形，呈浸染状或围绕晶形良好的分布，后者可使斑点增大，色也更浓艳。

高山石，总的说来品质较佳，时有"晶"质地和"冻"质地的产出，但高山石也大多有一个较明显的缺点，即含水量常比其他寿山石相对较高，每遇严夏酷暑，或秋冬气燥，就容易发生干裂，色泽也趋阴暗失光，需久浸于植物油中，或时常揩油保养，方能永葆光彩。所以，民间有人给它起了一个很恰当的外号"财主石"。

究其原因，是由于高山石在矿物成分上，属于以地开石为主要成分的地开石型。地开石不仅本身富含被称为"结构水"的（OH）根，而且还常常会在它的结构层之间吸附一定量的"吸附水"，又称"层间水"。这种层间水并不直接参加矿物的晶格，仅存在于像地开石这样的层状矿物的垛积层之间。因此它们与矿物晶格之间的结合力很弱，既容易进入也容易丢失。而且不管是进入还是丢失，都不会造成矿物晶格的破坏，只是当有这种层间水进入时，层状矿物的层与层之间的距离会微微增大；反之，若层间水丢失，矿物的层与层之间的距离就会缩小。一些高山石的干裂现象，就是由于其组成矿物地开石的层间水发生丢失，进而引起了岩石内部的不均匀收缩造成的。

此外，有些高山石还含有少量呈星点状的黄铁矿或褐铁矿。

2. 都成坑

都成坑，又称"杜陵坑"，或"都灵""都丞"（皆以音同）。它产于高山东面约 2 千米的山中，大约从清道光年间开始大量采掘，民国时期采掘也十分兴旺。

都成坑，石质坚硬通灵，光彩夺目，名冠山坑诸石。其中质优者堪与田石媲美，而且都成坑石之色，表里如一，又永不变色，更为诸坑所不及。惟其石内含石英细砂特多，施刀艰难，故民间有谚语说："都成坑，砂成山，有水色（福州方言，有光泽之意），人人贪"，道出了都成坑的优劣特征。有些都成坑石会夹杂有不透明的黄绿色块，构成瑕斑。在矿物成分上，都成坑主要属于含少量叶蜡石的地开石型。

都成坑有黄、红、白等色。黄者称"黄都成"，又有黄金黄、桂花黄、熟栗黄、枇杷黄、洋参黄等之分。红者叫"红都成"，也有鸡冠红、辣椒红、橘皮红等之分，并以橘皮红最为珍贵。白者名"白都成"，但色非纯白，多带微灰或微黄，也或微青蓝如鸽卵。此外，也有杂色交错者，称"五彩都成"。

在都成诸石中，尤以琪源洞和坤银洞

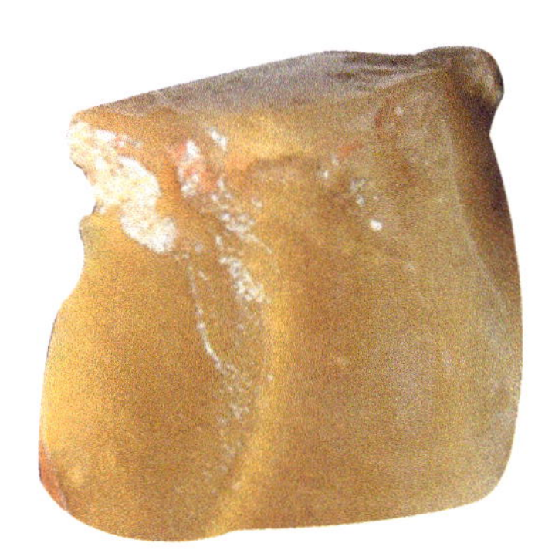

黄都成原石

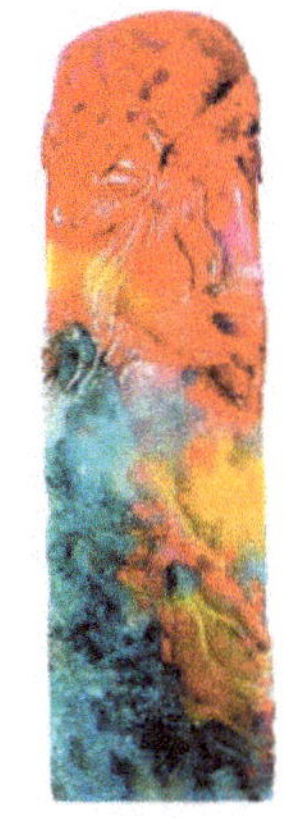

五彩都成

所产最为著名。其中前者所产之石，质晶莹温润，胜于诸洞，且相对较纯，含砂较少，有的还隐含"萝卜纹"，色则以黄、红为主。后者质稍硬脆，纯洁性逊于前者，色则有黄、红、白、灰诸色，并多呈条纹状，网纹状是其一大特色。

与都成坑相近的品种还有"尼姑楼""迷翠寮""善伯洞"等。

尼姑楼，又名来沽寮。矿坑靠近都成坑，石质也相似，惟性微脆，透明度也略逊都成坑。肌里常含有白色不透明的斑点，状若花生糕中的花生碎末（故习称"花生糕"），色有黄、红、白、灰诸色。其中色黄而质纯者，貌似田黄，但无萝卜纹可资区别。色红而佳者，则似"玛瑙红"，但无"冻"质地。

迷翠寮，又名美醉寮。产于都成坑顶，石性与都成坑相近，有黄、红、白、灰各色，并时见多色杂呈的所谓"五彩迷翠"；其质多不纯，可见有灰白的"花生糕"点，及闪闪发光的黄铁矿细点，俗称"金砂地"。

善伯洞，又称仙八洞。相传在清咸丰至道光年间，有名善伯者，在该洞采石时，不幸洞塌而亡，后人为纪念他就以其名命名该洞。该洞位于都成坑隔溪的山中，所产之石除有红、黄、绿、白、灰色外，还有较少见的紫色。惟质多不纯，常见粉白色的"花生糕"点和"金

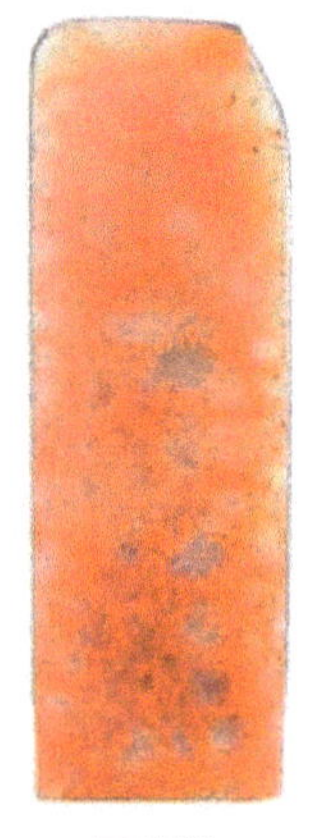

尼姑楼

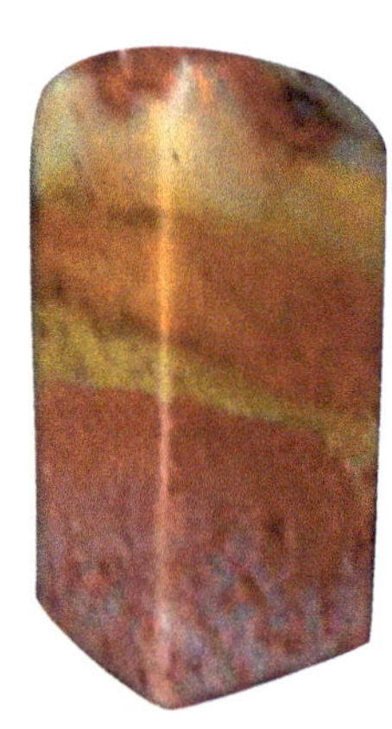

五彩迷翠

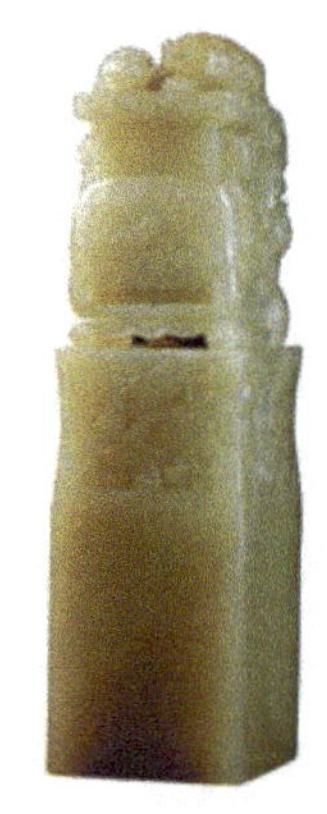

善伯绿鼎螭钮方章

砂地"，少数纯洁明粹者，可混都成坑。

3. 月尾石

月尾石，也名牛尾石。产于都成坑北面月尾溪旁山中。所产之石，质细嫩微透明而有光泽，并以紫、绿两色为主，是其一大特色。在矿物成分上，已知月尾石既有地开石型，也有伊利石型。

其中紫色者称月尾紫，尤以色浓如新鲜猪肝色者（称"猪肝紫"）最佳，但多有白色筋络或不纯之色混杂，罕见纯净者。据详细鉴定，该石具蜡状光泽，不透明到微透明，相对密度 2.59 ~ 2.65；呈显微微晶结构，基质中分布有大量紫红色矿物，大小不一，颗粒大者的边缘清晰，颜色较暗淡，颗粒小的为细小红色球粒，色调相对鲜艳。这些紫红色矿物应是铁的氧化物——赤铁矿。它们呈浸染状分布，是月尾紫呈现紫色的原因，也是它们影响了月尾紫的透明度。测试表明，月尾紫的主要组成矿物为地开石，可能还有高岭石和少量绢云母。

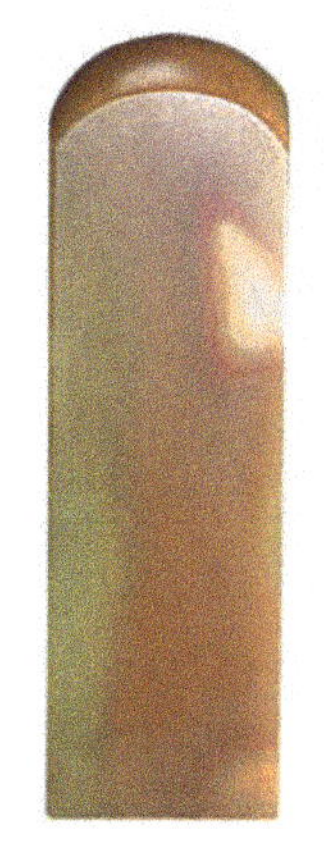

月尾绿
29×29×95（毫米）

月尾石中色绿者称月尾绿，常呈浅绿并略带灰黄色调，蜡状光泽，石质细嫩微透明，但肌里偶见白色或浅灰色砂团，系矿体围岩火山凝灰岩的变余残块。以色翠而通灵为贵。有人形容其如"蕉叶方肥，幡幡日下"，但该石新采下时尚明洁可爱，历久则变黝暗。经详细鉴定，月尾绿主要由含铬和少量铁的白云母构成，具显微鳞片结构，显示较好的定向性；而铬、铁元素的存在则是其呈现深浅不同绿色的主要原因。相对密度 2.74 左右。在月尾绿中，有色如老艾叶者，近代皆以"艾叶绿"称之；色稍淡者称"艾叶背绿"；纯洁透明者称"艾叶冻"或"艾叶晶"。但据方宗珪先生考证，"艾叶绿"之名始见于南宋梁克家的《三山志》，书中述"寿山石，洁净如玉……五花石坑，相距十数里，红者、绀者、紫者、髹者，惟艾绿者难得。"说明艾绿产于五花石坑，该坑距寿山十数里，与月尾显然不是处于一个地方，所以宋书及明代各志书谈到的"艾绿"并非"月尾绿"。明末谢在杭品寿山石以"艾绿"为第一，应也不是指月尾绿。清代郭柏苍在《闽产录异》中说："梁叔子所称花石坑，苍曾游之，今产绝矣。"可见早在清代艾叶绿已经绝产，今人把月尾绿称为艾叶绿，只不过是为了抬高其身价而已。

在月尾旁，靠近都成坑处，产有被称为"回龙岗"或"回龙艮"的品种。其质与月尾相近，色则多黄绿和红紫，并常含紫色斑点或黄色格纹，又有白、紫交杂及灰红色的。

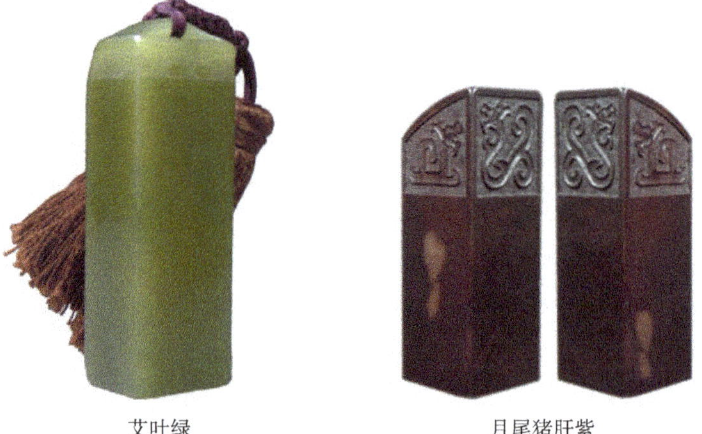

艾叶绿　　　　　　　　　　　　　　月尾猪肝紫

4. 连江黄

连江黄产于高山东北约 6 千米的金山顶，因接近连江县，又色多藤黄，故有"连江黄"之称。除黄色者外，也产有部分略带微黄或淡绿的白色品种，称"连江白"。在矿物成分上，连江黄以伊利石型为主。

连江黄，色似田黄，肌里常隐含似"萝卜纹"的条纹，故常被用于充当田黄。郭柏苍在《葭跗草堂集》中记："连江黄，出连江，似田石，色黝质硬，油渍即黝。宦闽者误以田石珍之"。另民间也有谚语说："连江黄，假田黄，骗蠢仔，不识详"。其实，连江黄与田黄还是有所区别的，首先是它质较硬且脆，常有裂纹，不像田黄那样温润细腻；其次，它隐含的条纹直且粗，与田黄的"萝卜纹"明显不同，民间曾俗称其为"九重粿纹"；另它还常含有白色浑点。

所谓九重粿纹是一种相对粗直、色泽与基石不完全相同的纹路，类似民间小吃九重粿，故称。这种纹有时呈排状色纹，有点近似杜陵的脉状纹理，只是杜陵的脉状纹通常弯曲并夹有清晰的透明晶纹，而连江黄的九重粿纹"直"（这里的直是一个相对的概念，并非笔直）而无透明晶纹。

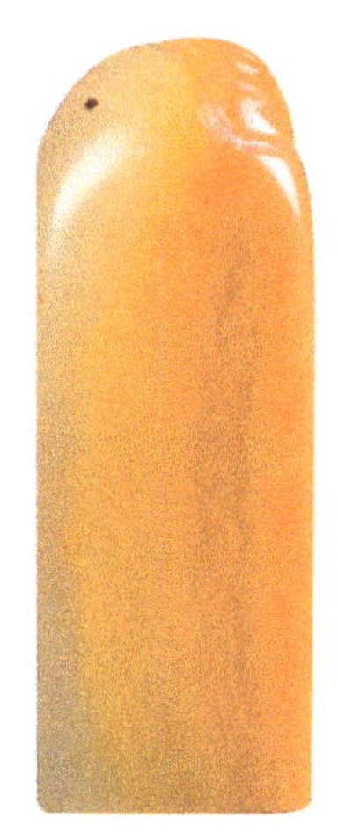

具九重粿纹的连江黄方章

5. 柳坪石

柳坪石，又名"柳寒"。产于高山东北面约 4 千米处的柳坪尖。柳坪尖包含三个山岗——黄洞岗、蔷红岗和党岗。三岗均产石，且矿

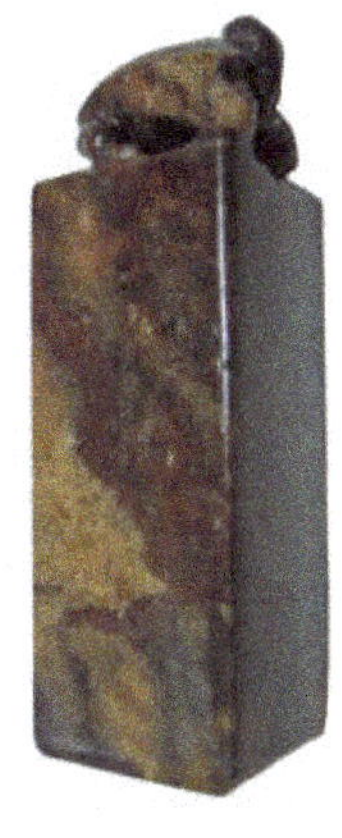

柳坪紫

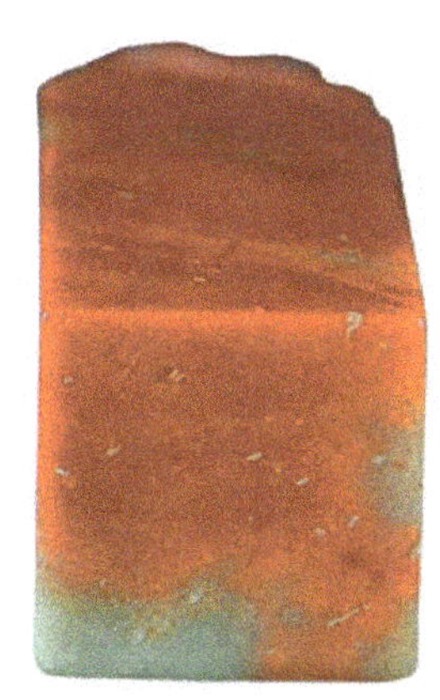

含有白色星点的柳坪石

层深厚，蕴藏量颇大，时有巨石产出，大者可达千余斤；惟石性较一般，质稍嫌粗松，不透明，有紫、白、黄、青诸色，且常各色交错，又常含紫色或白色星点。其中色纯紫，如新鲜猪肝色者，名"柳坪紫"；偶有质细嫩，并具半透明者，称"柳坪晶"。

6. 旗降石

旗降石，又名"奇艮"或"奇岗"。产于寿山乡北约 1.5 千米处的旗降山。所产之石，品质尚好，质坚实而温嫩，微透明又富光泽，且日久不变，肌里时见有细小的花斑结构，但无"萝卜纹"。色多黄、红、白，也有紫色。其中黄者如蜜浸老橙，名"旗降黄"；红则近似玛瑙或珊瑚，光彩焕发，名"旗降红"；白者类若猪油，但含白色泡点，名"旗降白"。不过，色纯者少见，多为两色或三色相间，或呈色层状，或作流纹状；也有俗称"金裹银"的黄皮白心，及"银裹金"的白皮黄心等现象。在矿物成分上，旗降石也以地开石型为主。

旗降石曾一度产量颇丰，因此未受到人们的珍视。近年来，产石渐近枯竭，遂又逐渐受到人们的重视。

焓红，也产于旗降山，系矿洞的另一支脉所产。所产之石，质多

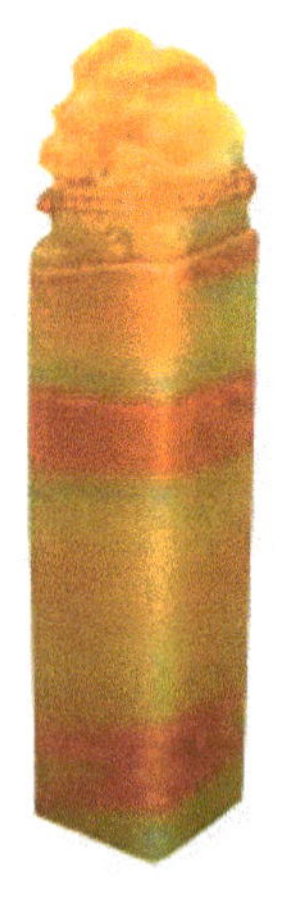

具似层状构造的旗降石

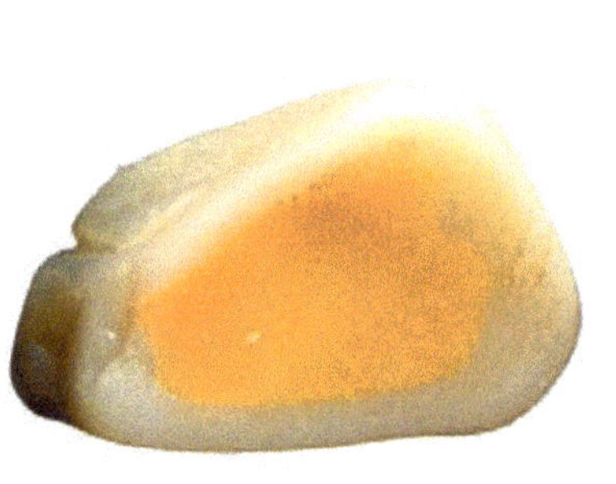

旗降石中的银裹金

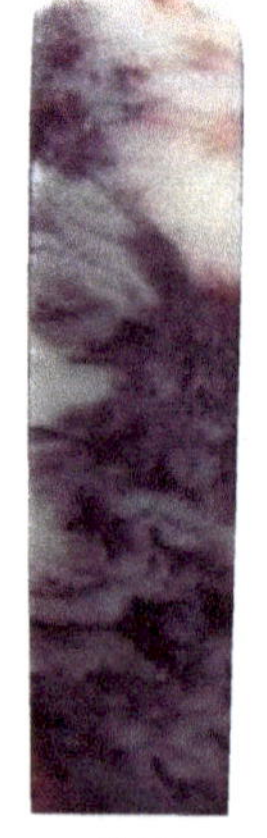

焓红

粗硬，且含石英砂粒，不受人们喜爱。因此当地石工常用所谓"煨煅"法（即热处理法），将其黄赭色烧成红色。这时不仅色变得艳红（故有"焙红"之称），而且由于部分原来的组成矿物因失水而转化为一种叫做"莫来石 $[Al_6Si_2O_{13}]$"的矿物，因此光泽也得到增强，即具玻璃光泽，让不知情者误以为是优质石。

7. 汶洋石

汶洋石产于寿山村北面汶洋村的老岭石矿的东面。1997 年发现矿苗，1998 年开采。其石质地细腻，纯洁而稍坚，微透明，多白色，间有黄色层，也有红、黑等色，色相较单一，肌理中有细小的透明度较好的条纹。块度较大，石形多比较平整，是制作石章的理想材料，美中不足的是小裂纹较多。在矿物组成上，汶洋石既有叶蜡石型也有绢云母型。

汶洋石与芙蓉石相似，但硬度、透明度比芙蓉石强，也含较多的透明度好的条纹，含水分与小裂纹也较多。

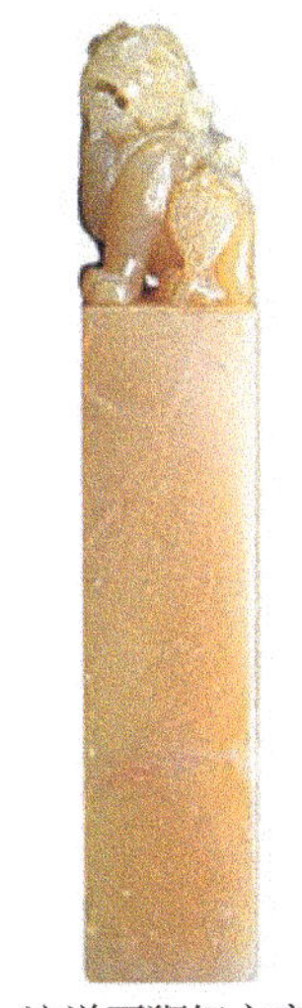

汶洋石狮钮方章
16×16×90（毫米）

8. 芙蓉石

芙蓉石产于月洋矿区，位于月洋乡西北的芙蓉山里。所产之石，质洁而腻，微透明，有光泽，被誉为石之精华，有"石中君子"之称。白、黄、红、绿、青、黑、紫各色皆备，且浓淡变幻、深浅有异，或纯洁素雅，或娇艳夺目，或五彩斑斓，或青翠欲滴，惟通灵逊于"白水晶"，且肌里常隐有不透明的白色斑块或石花，俗称"芙蓉屎"或"卧虎屎"。

其中白者，称"白芙蓉"，质若脂玉，最为名贵，被誉为"寿山三宝"之一；其色有白玉白、猪油白、藕尖白之分。黄者，通灵明媚，有淡黄、朱黄之分，称"黄芙蓉"。红者，似丹似烛，艳丽喜人，

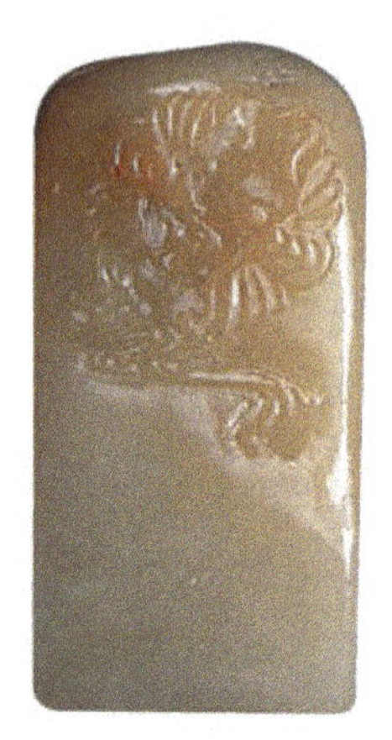
芙蓉石

称"红芙蓉"。此外具淡青色者，称"芙蓉青"；白地晕红色点的，称"花红冻"；同时具有三色的称"三彩芙蓉"等。总之，在外观特征上与寿山矿区所产的各品种有明显差别。究其原因，可能在于芙蓉石的主要矿物组成是以叶蜡石为主，属叶蜡石型之故（不过，寿山矿区也产有叶蜡石型的品种，如"虎岗""大山"等）。

据说明、清间，芙蓉石初产时，并不为社会所重视，其值竟不及寿山的五分之一。清乾隆后"将军洞芙蓉"渐著名，至光绪年间已不可得。郭柏苍在《闽产录异》说："（芙蓉石）似白玉而纯粹，玉不受刀，逊于芙蓉矣。"陈亮伯在《说印》中说："马之似鹿者，贵也，真鹿则不贵矣；印石之似玉者，佳也，真玉则不佳矣。"可见芙蓉石之所以珍贵就在于它似玉非玉。另外陈子奋也在《寿山印石小志》中赞曰："芙蓉之质与色，直可与田黄冻石雄峙寿山。"

芙蓉石也有以所产矿洞来命名的，如"将军洞""上洞""半山"等，并以"将军洞"所产最佳。

9. 峨眉石

峨眉石产于月洋山北面，因产地靠近峨眉山故名。其石质细嫩，有乳白、淡黄、青灰、红棕诸色，但色多黝暗。且有黑色星点，又多砂，更因爆破采掘的缘故而多裂纹。该地矿石储量可观，1972年投入大规模开发，惜所产之石，石质大多不佳，除少数质细者用作印石外，主要用于工业。

除上述品种外，山坑石还有众多其他品种，这里不再一一介绍。

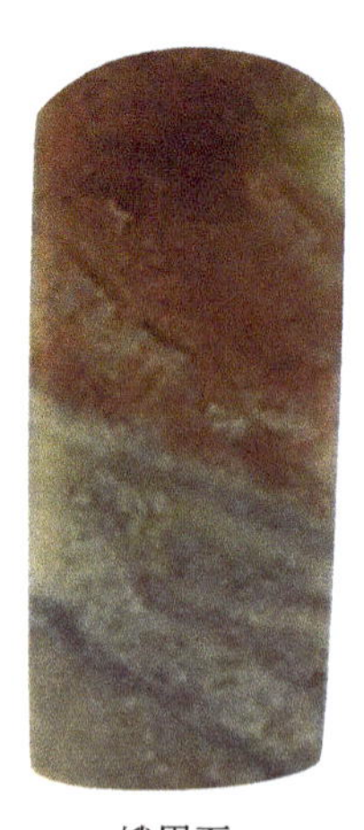
峨眉石

（六）几种著名水坑石介绍

前面已经说过，水坑石的品质一般优于山坑石，已知寿山石中具有"晶"质地和"冻"质地的大多来自水坑石。遗憾的是水坑石的产地远不如山坑石普遍，它只局限于寿山溪坑头支流之源，而且位处地势险恶的溪旁，又有地下水之患，使采掘甚为困难。现有的"坑头""水晶"等矿洞，相传早在明代已先后塌陷，久无产石。1938年前后，当地农民曾试图对"水晶洞"重新开采，奈因水量太大，无有效排水能力，无法深掘，只好作罢。1973年，当地又组织专业队，调用大型抽水设备，对该洞进行再次的探掘，终获"水晶冻"若干。惜仍因洞中出水量实在太大，致使采掘工作无法继续进行下去，又被迫停采。所以目前流传于世的水坑石均为旧时所采，其价值自然越来越贵重。有人认为其优质品种，身价已可与田石比肩。

水坑石，在矿物成分上，已知大多属地开石型，个别以珍珠陶土为主要成分。它们的品种主要有：

1. 水晶冻

水晶冻，又称"晶玉"。系水晶洞所产。其石质透明莹澈如水晶，有红、黄、白三色。白者，称"白水晶"。其肌里可有棉花状细纹，又往往于纯洁中有粒状粟点，俗称"虱卵"。高兆在《观石录》中云："白玉肤里，微有粟起"指的就是它。若"白水晶"中有状如煮熟的鱼脑，又特别凝腻脂嫩者，称"鱼脑冻"。毛奇龄在《后观石

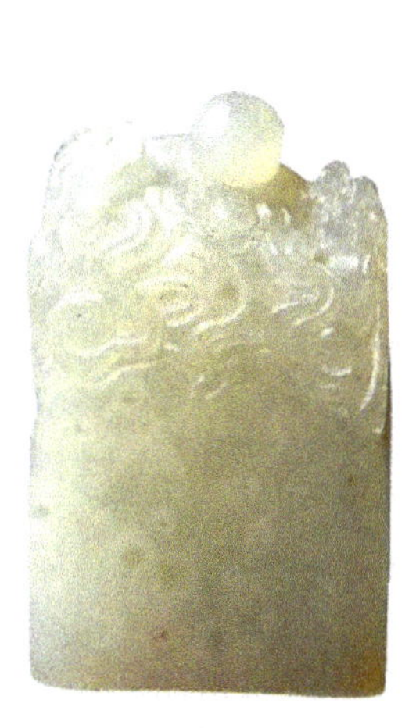

鱼脑冻

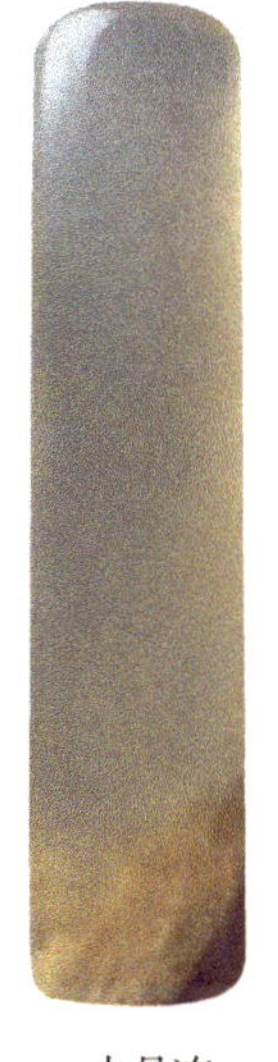

水晶冻

录》赞曰："玉质温润，莹洁无类，如搏酥割肪，膏方内凝，而腻已外达"。黄者，色明如杏黄，间有红筋，称"黄水晶"。其中色如初剥之枇杷，纯洁无瑕而凝腻者，则称"黄冻"。红者艳比红烛，称"红水晶"，较少见。

2. 坑头石

坑头石产自坑头洞。其石质微坚，半透明，有黄、红、灰、白、蓝诸色，也有二色或多色相间。其中质纯而通灵者，又称"坑头冻"；亚透明者，称"坑头晶"。

值得注意的是，当今市场上可见有两种用于冒充坑头冻的石料。

一种是来自辽宁的"丹东白"，它呈白色，常带有浅灰绿色或浅褐色调，强光透视下常可见有黑色、褐色、深绿色斑点；具蜡状光泽至弱玻璃光泽，微透明至半透明，极少数透明，质地纤密，手感滑快，韧而涩刀。但它不是由地开石构成，而是主要由斜绿泥石组成，其折射率为 1.56，相对密度 2.53 ~ 2.68，硬度 2 ~ 3。由于其折射率、相对密度等主要物性与坑头冻十分近似，用常规方法很难鉴别，因此必要时需借用红外光谱等精密测试手段方能确认。

另一种来自青海，有"青海白"之称，多为白色，或微带浅灰褐和淡黄绿色调，颜色不很均匀，致密细腻，但肌里有云雾状、团块状、点状斑纹，微透明至半透明，油脂光泽，折射率 1.54 ~ 1.55，相对密度 2.62，硬度 2.0 左右，石质松软，质地较脆；质优者稍坚，手

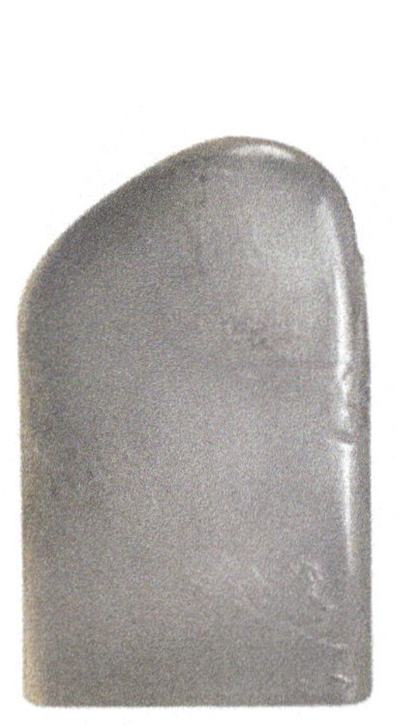

坑头晶

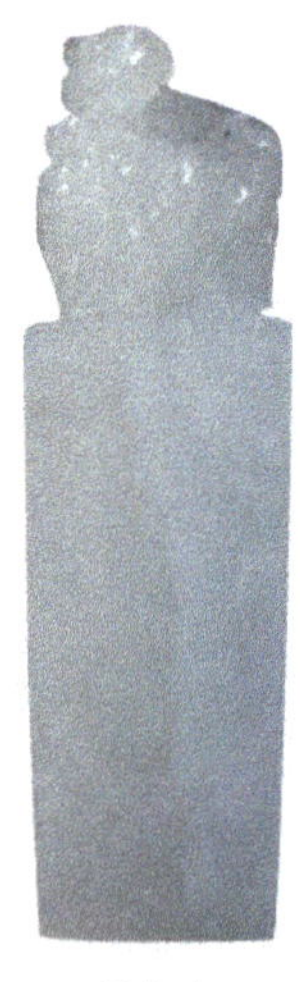

丹东白

感涩。据研究，其组成矿物与各种印石明显不同，系由石膏构成。其鉴别则相对容易，不仅在物性上与坑头冻有一定差异，而且石膏是一种硫酸盐，若刮取少许粉末置入硫酸中，就会发现它很快被溶解，而由地开石组成的坑头冻则不会。

3. 冻油石

冻油石也系坑头洞所产，质稍差，多裂纹，微透明如结冻之油蜡，故名。有黄、白、灰、青等色，并时见有黑点。其中色白而质佳者，似"芙蓉石"，但温嫩终不及芙蓉。

4. 环冻

环冻产自坑头洞，以其肌里有灰白色或深灰色，状如水泡般的小圆圈而区别于其他冻石。圆圈或为单环，或为双环甚至多环相连，颇为奇特，深受人们喜爱。环冻也可以有不同颜色，经油浸渍后，色或变淡，也或增深，因石而异。

5. 玛瑙冻

玛瑙冻产自坑头洞，以其半透明如玛瑙，光彩烂漫而名。有红、黄两色，其中纯红者，称"玛瑙红"；纯黄者，称"玛瑙黄"；也有二色相间，并杂有灰色的。

6. 桃花冻

桃花冻，又名"桃花水"。产自坑头洞。其石在白色透明的石质中夹含有众多红色星点，或疏或密，浓淡掩映，光彩夺目，红点又如片

环冻

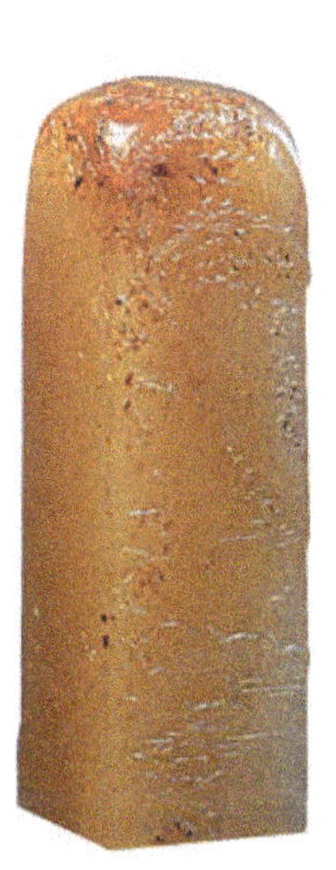

桃花冻

片桃花瓣，沉浮水中，娇艳无比。

7. 鳝草冻

鳝草冻，又名"仙草冻"。产自坑头洞。石色灰中带微黄，也含细色点，类似鳝鱼之背脊，故名。还有一种呈灰白色，肌里隐有粗纹，状如草叶，也叫"鳝草冻"。在有些鳝草冻中也见有环冻的圆环，合称"鳝草环冻"。

8. 牛角冻

牛角冻产自坑头洞，石质通明而有光泽，有时肌里也有"萝卜纹"。其中色浓者如牛角，色淡者如犀角。郭柏苍的《闽产录异》中说："色如牛角而通明过之"。

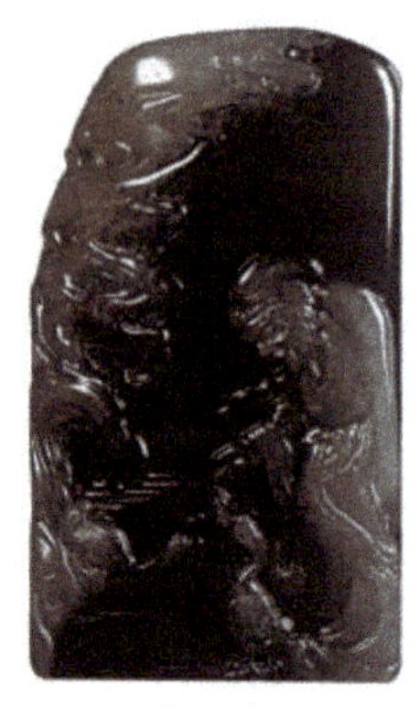

牛角冻

9. 天蓝冻

天蓝冻，又名"蔚蓝天"或"青天散彩"。产自坑头洞。色蔚蓝以愈淡愈佳，质明净，如雨后晴空，肌里有色点及"棉花纹"，若朵朵云霞。

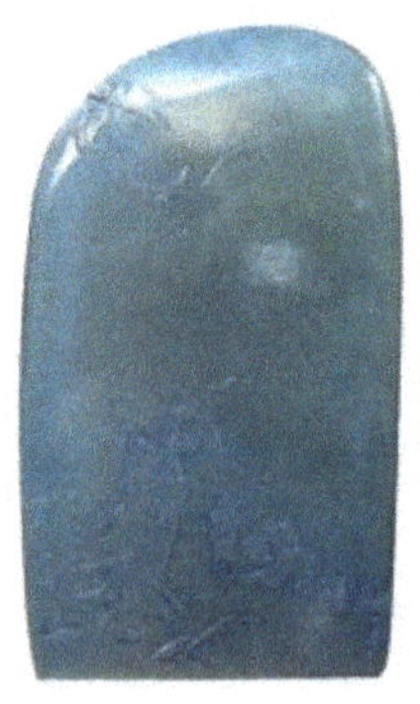

天蓝冻

天蓝冻

（七）几种著名掘性石介绍

掘性石均以独立的块状，散见于各寿山石产区的山坡低洼处，并以来源石料的不同而有不同的品质，一般说来，其品质稍优于其来源的山坑石。因来源之不同，也有不同的品种。现择其重要者简介如下。

1. 掘性坑头石

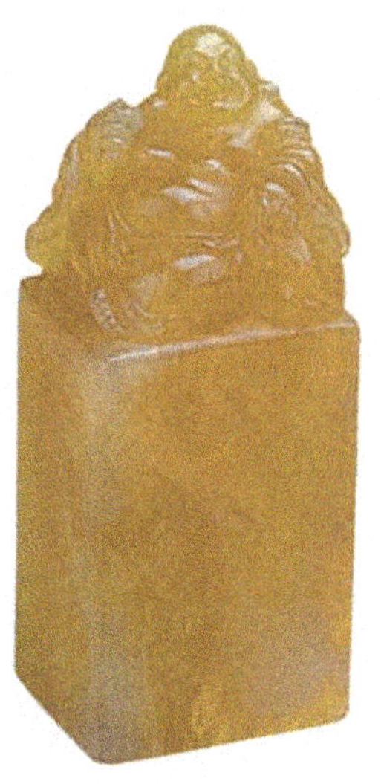

掘性坑头石

掘性坑头石是唯一来自水坑石的掘性石，产于坑头洞附近的砂土中，因质似田石，也有"萝卜纹"和红筋，故也被称为"坑头田"。这显然不妥，有抬高身价之嫌。其实与田石相比，细察之，可见肌里有白晕起伏，有时还夹杂金属细砂，在灯下闪耀银光，是田石所没有的。

2. 鹿目格和掘性都成坑石

鹿目格虽有洞产和掘性石之分，但洞产多黄、红相间，肌里有黑点或粉黄色点相杂其间，品质稍差，数量也不多，故不及其掘性石著名。其掘性石产于都成坑山坳的砂土层中。矿物成分属地开石型，石质细润、光滑，外表有黄色或浅黄色的微透明石皮，肌里则为浓黄、红或暗赭色，或黄中泛有块状红晕，且偶有"牛毛状纹"。其中黄色通灵者，与田黄相似，俗称"鹿目田"，常被人用于冒充田黄，但它无"萝卜纹"，足以鉴别。另有一种，红色带赭，状如鸽眼者，古称"鸽眼砂"。毛奇龄《后观石录》谓其："通体荔红色，而谛视其中，如白水滤丹砂，水砂分明，粼粼可爱，一云'鹁鸽眼'，白中有丹砂，铢铢粒粒，透白而出，故名'鸽眼砂'，旧录亦以此为神品。"在同一本书中，他还列出 13 种寿山石的上品，鸽眼砂名列第三，排在艾叶绿和羊脂之后。鹿目格尚有白、灰、黑各色，但品质较差，常有色点，质多不纯。

除鹿目格外，另一些也产于都成坑附近山坡砂土层中的掘性石，被称为"掘性都成坑"石。这种掘性石其质一般优于洞产的都成坑石，质特温润，亦有"萝卜纹"和红筋，极似下坂田石，惟其萝卜纹细而弯曲，不及田石绵密。

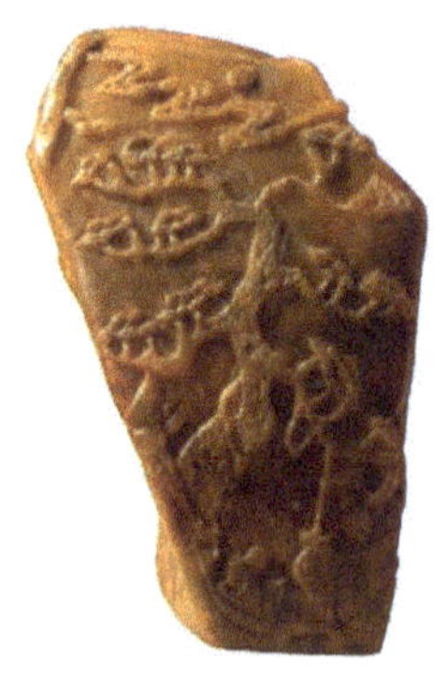

鹿目格

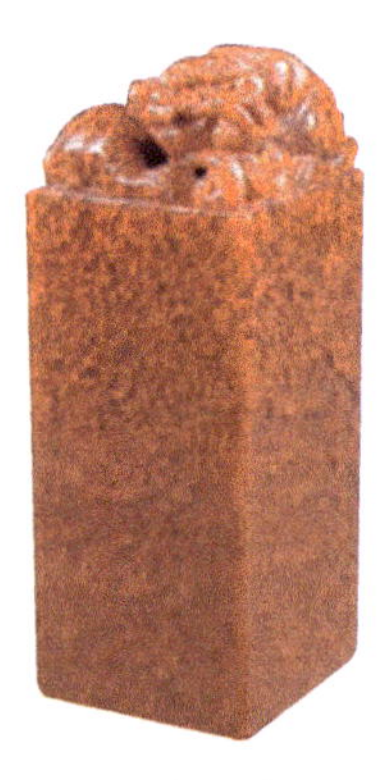

鸽眼砂

鸽眼砂狮钮方章

3. 蛇匏

蛇匏产于都成坑旁的山丘，因山丘状如匏（一种葫芦属的植物），又传说当地时有毒蛇出没，故名。该山丘目前没有原生矿石产出，只发现有被称为"蛇匏"的掘性石。显然这可能是由于原生矿早已因自然原因，被风化侵蚀殆尽；或是被古人采竭之故。蛇匏石质近似都成坑石，微透明，但稍松软，多黄、红、白几色交杂，且常含色点及金砂质地。以色红通灵者最佳。

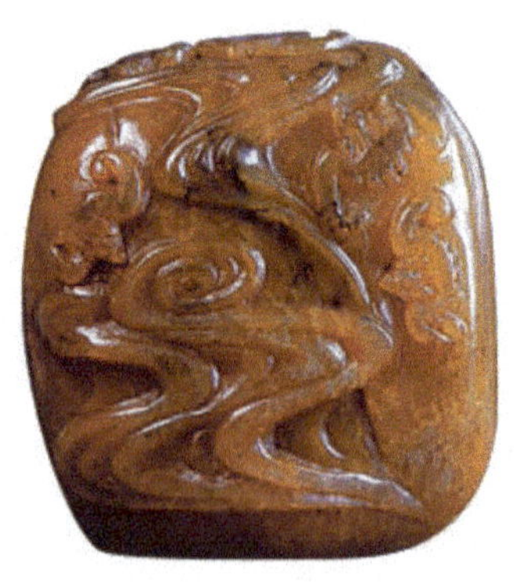

蛇匏

4. 掘性高山石

掘性高山石主要产自高山东面山坡的砂土层中。虽然和其他掘性石一样均呈散落的独立块状，但常可形成大块的巨石，有的可重达 50 千克以上。掘性高山石在矿物成分上仍以地开石为主，但大多石性优于各洞所产，洁腻通灵，肌里还时隐有"萝卜纹"，有黄、白、红诸色，外观特征近似田石，只是其"萝卜纹"相对粗疏，皮层较薄。

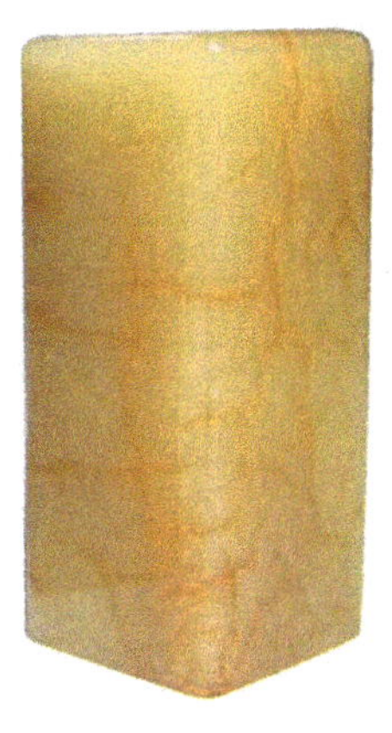

掘性高山石

5. 牛蛋黄与溪蛋

牛蛋黄，也叫"鹅卵黄"。产于旗山南麓的溪涧中，色黄质细，形如鹅卵，故名；可有石皮，佳者近似粗质田石，故又有"牛蛋田"之称，但其矿物成分却是以叶蜡石为主。

与牛蛋黄名称相近的"溪蛋"，则是产自月洋矿区的芙蓉石产地，系由芙蓉石演化而成的掘性石。它大多产于月洋溪底，以形似鹅卵而有溪蛋之名。石质与芙蓉石相似，惟有薄皮，表皮泛淡黄色，向内渐白，佳者亦似田石，故又有"溪蛋田"之称。但它与牛蛋黄一样，在矿物成分上属叶蜡石型，这与田石明显不同。

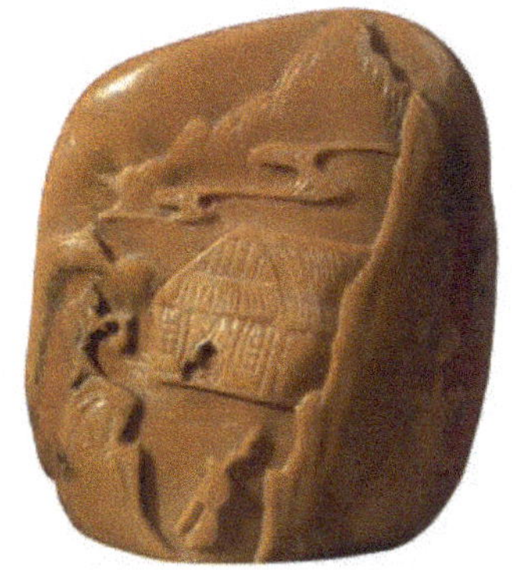

牛蛋黄

6. 寺坪石

寺坪石实际上并不是真正的掘性石。它采掘自寿山乡"广应院"遗址。广应院创建于唐光启三年（887），明洪武年间（1368 ~ 1398）毁于火；万历（1573 ~ 1620）初重建，至崇祯年间（1628 ~ 1644）

再毁。在广应院存续年间，寺僧曾大量采集寿山石，并藏于寺内。寺毁时，所藏之石经火炙后埋没于废墟之中。年久日深，受地下水土的影响，发生了一些潜移默化的变化，其虽然仍保持原石的基本特色，但却较原石更温润，且偏灰暗，与新采之石相比尤显素雅古朴，因此深受鉴赏家们的珍爱。又因多年采掘，已不可多得，更益珍贵。

寺坪石因系来自人工的采集，所以原石并不限于某个品种，而是五花八门有着不同的品种，其中以田石和水坑石最为多见；材质虽不大，却多为精品，这也是寺坪石受到鉴赏家们追逐的原因之一。

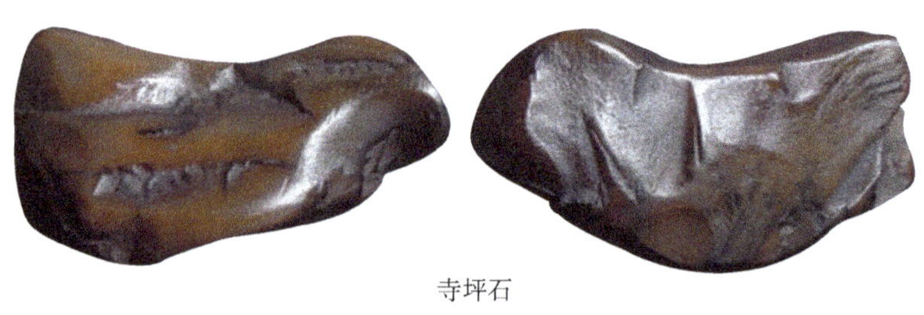

寺坪石

（八）田石的不同品种

田石，在寿山诸石中，自古以来就最受人们的珍视，也是当今市场上最受人们追捧的对象。田石可分为若干品种。

前文已经谈到，田石产于高山东南面的坑头溪及其下游寿山溪流域的农田里。该流域从坑头溪的源头，一直到寿山溪的下游结门潭，全长约 8 千米，所产田石的品质因产出的部位不同而略有差异。人们通常将其分为四段：上坂、中坂、下坂和碓下坂。

上坂，又称"溪坂"。指靠近坑头溪水发源地一带的水田。所产之石色较淡，质通灵，近似坑头洞所产的"水晶冻"。

中坂，紧接上坂，下至铁头岭，中有溪管屋。所产之石品质最佳，色浓质嫩，堪称一绝。

下坂，紧接中坂，也即坑头溪与大洋溪会合处的下游一带的水田。

所产之石，色似桐油，质地凝腻。

碓下坂，紧接下坂，位于坑头溪与大洋溪汇合后形成的寿山溪，靠近鹿目格产地一带的水田。所产之石，品质明显不如前三者，质硬而粗，色黝暗，时于肌里还散布有俗称"虱卵"的淡黄或乳白色的细泡点。

为什么同是在一个流域，上、下游所产的田石，品质会有如此的差异？王敬之先生在《田黄》一书中指出，可用溪水成分的不同来解释。因为上坂田是坑头溪流经的地域，所产之石，浸润的是百分之百的坑头溪水。在该溪水所含某种成分的影响下，上坂田的颜色都比较淡，也较通透。中坂是坑头溪和大段溪汇合后流经的地域，因此所产之石浸润的就不仅是坑头溪的水，还有来自大段溪的水。这使原先对田石的形成起到一定作用的某种成分受到了冲淡，同时又有另一些成分加入，所以形成的田石比较温嫩，颜色也比较饱满。下坂是处于坑头溪与大段溪汇合后又汇合了大洋溪所流经的地域，因此溪水的成分有了新的变化，所以下坂所产之石，质虽凝腻，色却更深。

笔者认为，这一解释还是有一定道理的，当然还有待今后进一步的化学分析来验证。另外，笔者以为，还应该考虑到田石来源和搬运距离的影响，上坂田产于近邻水坑石产地的坑头，显然坑头石是上坂田的母岩，搬运的距离较短，所以它就保留有较多的母岩特征。中坂田搬运的距离大于上坂田，这使它受溪水影响的程度必然大于上坂田，这也是它的颜色比上坂田深的一个原因。而下坂田则搬运的距离更远，受溪水影响的程度当然也更大，色也就更深。至于碓下坂田，它的母岩则很可能是来自它紧邻的"鹿目格"和"碓下黄"。由于这两种母岩在品质上本来就不及坑头石，自然由它们演化而来碓下坂田石在品质上也不及另三种田石。

田石除了依产地作上述划分外，还按颜色的不同区分为不同的品种。

1. 黄田

即习称的"田黄"。是田石中最常见的品种，主要产于中坂田。按色泽的差异又有黄金黄、桂花黄、熟栗黄、枇杷黄、鸡油黄、橘皮黄等的称呼，以黄金黄为最佳。一些特别通灵者，则被称为"田黄冻"，价值自然又高一筹。另外，还有一种外层呈白色或微黄色、内部为黄色的，称"银裹金"。再有一种，色如桐油，暗而无彩的，被称为"桐油地"。它们主要来自下坂，是田黄中的下品。另外"田黄"一词，也常被人用作田石的泛称。

2. 白田

白田之白并非真白色，而是相对于田黄而言，以具有浅淡的黄色或淡青色为特征的田石。它有一种外皮具黄色、内为浅色的，称"金裹银"。白田主要产自上坂和部分中坂，相对少见。

3. 红田

色如红橘皮，鲜艳通明，称"橘皮红田"，极为罕见。另有一种是因人们烧草积肥等人为原因，致使土层之下的田黄受到高温的影响，表皮的铁质发生化学变化（理论上说来，黄色主要来自褐铁矿 $[Fe_2O_3 \cdot nH_2O]$

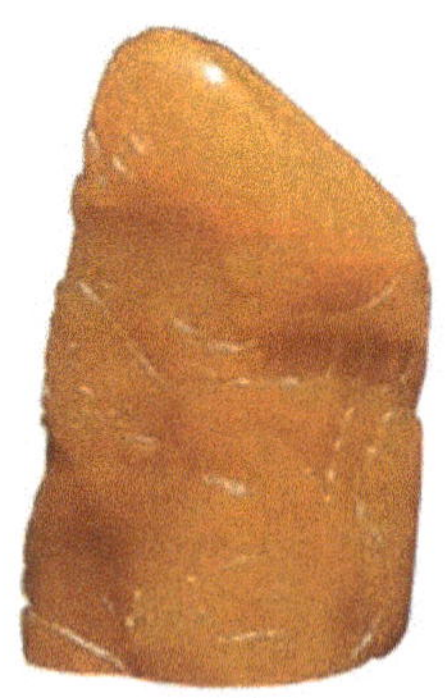

黄金黄田黄"山水"
（重 85.86 克）

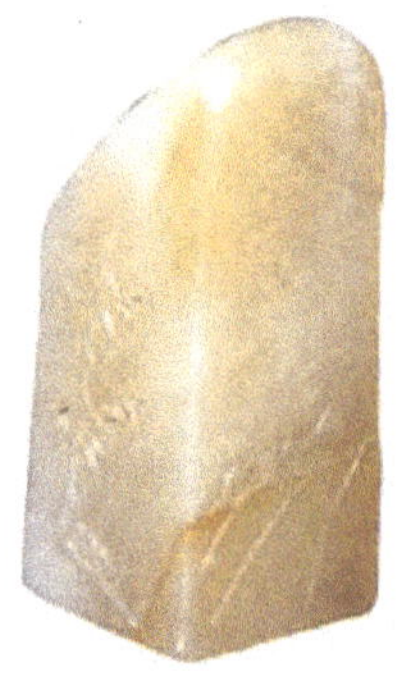

白田

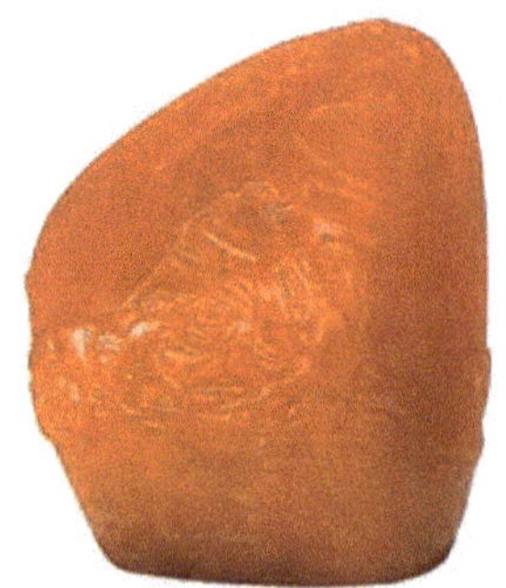

红田"溪鹅"，郭卓怀作
（重 90 克）

的污染，高温会使褐铁矿失水转化为红色的赤铁矿 [Fe_2O_3]），变成了红色，但内心因受温度的影响较小，仍保持原来的黄色。这种田石民间也称为"红田"。显然，两者的身价也不同。

4. 黑田

主要产于铁头岭和下坂一带。有黑皮、纯黑、灰黑三种。黑皮又称"乌鸦皮"、"蛤蟆皮"，是一种外表有不均匀的黑皮层，内部仍为黄色的品种。纯黑者则通体黑色，但常带有赭色，并透有黄气。灰黑，即具有较浅的黑灰色者。黑田不仅色泽欠佳，品质也大多逊于其他田石。

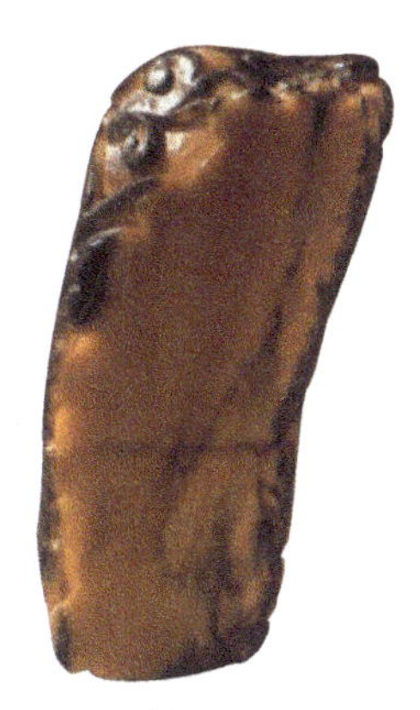

黑田

5. 绿田

在以往有关寿山石的著述中，从没有人谈起过有绿田的存在。但据 2007 年《中国宝石》第三期田家的《田黄中的珍品——绿田》，该文作者田家先生就持有一块重 68 克、"一面有牙黄色厚皮，有局部萝卜纹和两条红格，肉质温润细腻，宛如满绿冰种的翠玉"（田家语）的寿山石。该石 2006 年 10 月经北京大学宝石鉴定中心鉴定，确认为田石。另该文还引摘李元茂先生在《李元茂的田黄石鉴定》一文对绿田的描述："绿田，青绿色田石，肌质细腻而透明，萝卜纹细密而有条理，旧日通常将其列为黑田之中，其实比黑田质优，但极罕见。近日见在善伯山下九手田一带有出土"。然而"绿田"一说究竟能否成立？在未经更多研究者和爱好者的公认之前，笔者暂时存疑。

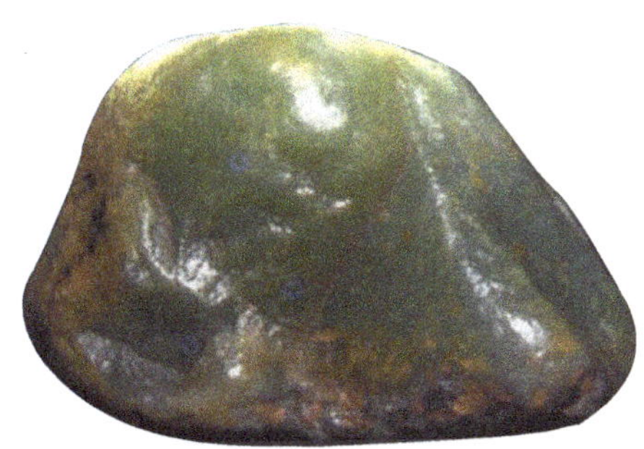

绿田（据田家，重 68 克）

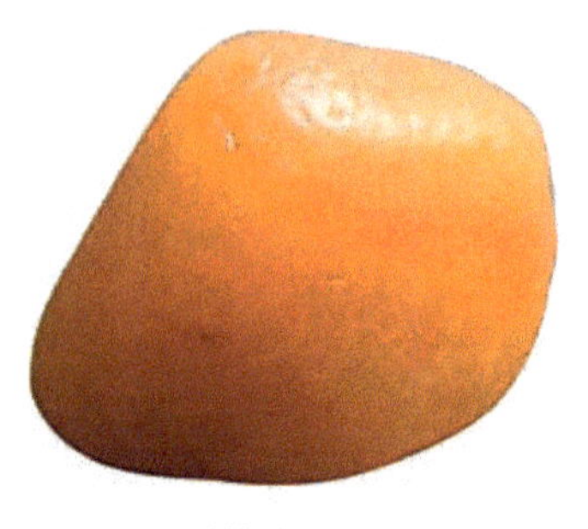

溪管独石原石

6. 硬田

指田石中一些质地粗劣、不透明的品种。

7. 搁溜田

又称"猴流田"。指因水流冲刷等原因，而暴露于地面的田石。

8. 溪管独石

又名"溪坂独石"。指产于寿山乡一带溪水中的河床转石，实系山洪冲刷而被带入溪底的田石或坑头石。尤其在中坂溪管屋附近，因地势突然平缓，溪水流速骤然减慢，致使原本被水流携带的转石纷纷停积下来，所以产石最多，而有"溪管独石"之名。这种独石，长期浸泡水中，饱受溪水的洗礼，故格外莹澈。

（九）田石的文化内涵

田石素有"石中之王"的称号，自古以来就深受文人雅士的赞赏，也是许多达官贵胄追逐的对象，致使其身价与日俱增。古时人称"一两田黄一两金"，而后又有"易金三倍"之说；时至今日，一两田黄的价值又何止黄金的 10 倍、20 倍。

田石为什么会如此贵重？

我们认为原因是多方面的。当然首先在于田石所具有的优良品质，在于它拥有人们在选择印石时所要求的各个要素。也即从石质而言，它符合前面谈到的"细、匀、宜、灵、洁、全"这六字诀的要求；在石色上它具有令人赏心悦目的颜色；在呈像方面，它有着神秘的能让人反复把玩，细细揣摩的所谓"萝卜纹"和红格；至于它的石品，更是它石难出其右。

其次，田石的贵重还在于它的罕见性。迄今已知它仅产于寿山乡那条长度十分有限的溪流周围的水田里，而且由于都是独立一块，无根无脉可寻，发现带有极大的偶然性，加之几百年来的采掘，已使它近于绝产。

第三，田石之所以贵重，还在于它具有深厚的文化内涵。

据王敬之先生在《田黄》一书中对史料的考证，田黄作为田石之首，在明代中末期尚不为人所知，所以明末的布政司谢在杭在品寿山石时只字未提及田黄，并评"艾绿"为第一。又据清人施鸿宝《闽杂记》的记述，田黄的发现纯属偶然。起因是一位进城卖谷的老农，因为担子一头轻一头重，就顺手从田边捡来一块黄石头放在轻的一头。当他路过致仕在家的著名文学家曹学佺门前时，被曹学佺看到并把它买了下来。他又根据老农所述，这块黄石头是拾自田边，遂将其命名为"田黄"。

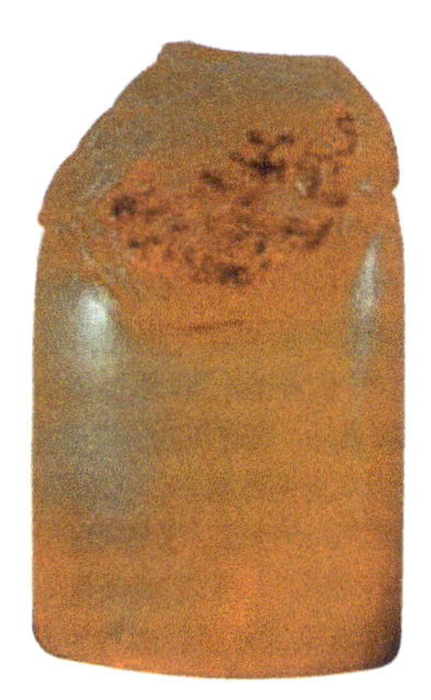

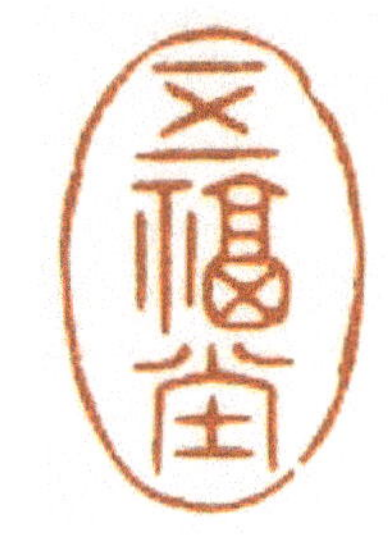

康熙皇帝的"五福堂"印
（据说也是用田黄石制作的，照片可能失真）

但即使这时候，田黄仍少为人知。清康熙年间高兆在写《观石录》时，曾对他的十几位朋友的 140 多枚寿山石做过观察、评点，并进行了淋漓尽致的描绘。虽然从他描绘的"甘黄无瑕""黄如蒸栗"和"黄柑巽手，秀色通理者"等来看，像是在说田黄，但他的全文中并没有"田黄"两字，可见那时田黄仍未受到人们的特别看重。比他晚一些的毛奇龄，在写《后观石录》时，虽然首次提出"田石第一"的观点，但仍然未给田黄以特殊的地位。在他评选的 13 块"上品"中也无田黄之名。

田黄的走俏，大概始于康熙末年或雍正之初。

清代的皇帝素有喜欢用寿山石制成印玺的爱好。现藏中国第一历

著名书画家吴昌硕刻的田黄石章

史档案馆的《康熙遗诏》中说："今朕年已登耆，富有四海，子孙百五十余人，天下安乐。"又身体康健，称"五福"，特用福州的寿山田黄石作"五福堂"椭圆形小玺，为之庆祝。所以清代诗人何青芝有《寿山石图章赋》说："山原名寿，已膺五福之称；石到成章，自益三生之摹。"说的就是这件事。

另外，在北京的荣宝斋里就珍藏有，雍正皇帝赠给他十三弟允祥的两枚田黄石章。允祥是雍正最亲信的兄弟，曾封为怡亲王，还授予具有极高地位的"铁帽子王"的称号。铁帽子王是清初极少数具卓著功勋的亲王才能获得的爵位，是可以世代相传的；而其他非铁帽子王则每传一代，爵位就要降一级，可见雍正对允祥的宠信。因此，雍正能把田黄石赠给他最亲信的弟弟，这就表明田黄在当时人们的眼中已是至贵的珍宝。雍正之后，到了乾隆年代，田黄的身价更是迅速倍增。

相传乾隆在位时，有一次他梦见玉皇大帝赐给他一块黄色之石，并当下御笔写了"福、寿、田"三字。醒后，乾隆不禁为梦境所困扰，这时有一个来自福建的太监说："奴才家出产福建寿山田黄石，莫非即福、寿、田之意"。乾隆闻后大喜，遂即派人赴福建采来一块田黄石，并用于天坛祭天。从这以后，田黄又获得"石帝"的美誉。乾隆对田黄石的看重，迅速波及朝廷内外，于是王公贵戚也纷纷加入对田黄石的追逐，福州当地的官吏更是把田黄作为巴结朝廷和上司的贡品和礼品，从而掀起了一浪又一浪的收藏田黄石的高潮。要不是以后接着而来的社会动荡，使人们无闲旁及，田黄可能早已绝产。

关于田黄，民间还有许多这样那样的传说。如有的传说北方隆冬，印泥冻结，取田石立其上，即可解冻。郭柏苍在《闽产录异》中还说：田石"盖地气挟土力所结者，故隆冬寒不泐（音勒，指石依纹而裂）"。另外还有人说，久服田石粉末，可以延年益寿。再有施鸿宝在《闽杂记》中还记曰："英吉利人近多以重价购求真田黄石，或言制作带版及帽花，可以避兵"。诸如此类，不一而足。

再有，在关于"国石"的讨论中，笔者曾于1983年率先提出可以田黄为国石（《地球》1983年第一期）。并指出："田"有象征我国人民几千年来以农立业，以田为本的勤劳传统；今天我们搞四化，也要以农业为基础。"黄"不仅指出田黄石的色泽，而且黄色在古时五色中居中，有暗指中国国土之意，与我国国名吻合；再者，"黄"又是我们先祖"黄帝"的简称，可象征我们是炎黄子孙。但对于笔者的这一建议，一些人则表示反对，他们认为田黄石过于稀少，不利于国石的普及和推广。因此后来人们推荐包括田黄石在内的寿山石，作为国石的候选石。对于后一意见，王敬之先生则认为不妥。他指出寿山石虽然有几十种上好的石种，又有悠久的利用史，但它也有良莠不齐的缺陷，如差的峨眉石只能用做耐火材料，因此若把它们一古脑儿评做国石，显然欠妥。所以他仍主张以田黄为国石。其理由除重申笔者的观点外，他又着重指出：田黄有着辉煌的历史，曾经登上清代帝王祭天的供桌。这一殊荣是任何宝玉石都未曾有过的。事实上，任何一个宝玉石收藏家，也都以拥有田黄为荣。据此他认为田黄作为国石是当之无愧，而且"国石"也只能是田黄。目前国石的讨论尚未结束，不管最终结果如何，田黄的这一象征意义是不会被抹杀的，而这也正是它受到人们热烈追捧的一个原因。

（十）田石的鉴别

田石，身价不菲，今天它动辄以几万、几十万，甚至几百万的身价现身于世。如此高昂的身价自然会招来许多不肖之徒的觊觎。为了获取高额的非法利润，他们想尽各种方法，或以次充好，或以假乱真，让许多田石爱好者上当受骗，蒙受巨大的损失。因此，怎样鉴别真假田石是一个必须面对的重要课题。

遗憾的是，田石的鉴别迄今仍没有一个十分过硬的、能立马作出肯定结论的科学方法。传统上人们主要凭藉感官上的认知。1982 年，石巢先生在《印石辨》一书中曾经主张，辨别田黄要依据石之六德，即"细、结、润、腻、温、凝"。关于这六德，前面曾概略地引述了石巢先生的解释，这里不妨再重申一下（本文略有修改）：

细，指质地细密，如婴儿之肤，用放大镜看不到颗粒；上等的田黄石内除了萝卜纹，没有一丁点杂质。

结，指各晶粒结合紧密，光泽好，入手有滑感。

润，指如石内生泉，在手心握一会，石头就布满细小的水珠，有如露之欲滴。

腻，指肌里油溢，用手稍微摩挲一会，就像往外冒油一样，有如油之欲滴。

温，指如玉之蕴，有宝气，观其外表即与人相亲。

凝，指凝灵，有一种通灵感，如半透明的冻状。

石巢先生进一步认为，只有田黄才能兼具这六德，其他寿山石最好也只有五德或四德。换言之，没有这六德就不能算是田黄。然而，这种仅凭人为感知的鉴别方法，显然是不可靠的。同一块石头，在不同的人手中就很可能会有不同的感知。譬如，什么样的光泽才算光泽好？在没有一个具体标尺的情况下，就很可能甲说好，乙说不好，丙说不好不坏，届时到底是听谁呢？再譬如手心握一会，石头就布满细小水珠，就与环境和人本身的情况有关，一个潮气重的人，自然很容易出现这种情况；但若在很干燥的环境里，这一现象就很可能不易出现。因此若以此作为鉴别标准，难免出现差错。所以我们认为这六德，可以作为田石鉴别的参考性依据，但不能作为鉴别的标准。

当今，被更多人接受的鉴别标准，是 1939 年陈子奋先生在《寿山印石小志》中最先提出的，后又被人们归纳而成的三条标准，即所谓的"无皮不成田，无纹不成田和无格不成田"。

　　"无皮不成田"。很容易理解，田石是次生作用形成的转石，是独立的一块。这使它的表面易于受到外界环境的影响，天长日久就必然地形成了与内部有着某种程度差别的皮壳；而且与同是次生作用形成的掘性石相比，它被搬运得离原生矿更远一些，经历的时间一般也更长一些，所以它的皮壳也会更厚一些。另外，由于它经过反复的搬运，它的外形会更趋圆滑，更近似鹅卵石状。因此，如果你看到的寿山石，棱角明显，表面新鲜，没有皮，那么它就绝对不会是田石。另外，由于田石价格昂贵，人们是锱铢必较，所以近代的田石大多保持原形，很少把它做成耗材较大的方章或雕琢成某种形态（早期的田石则有制成方章的），并多采用薄意雕刻（即浅浮雕）的手法予以美化。这就为我们辨别有没有皮提供了可能。

　　"无纹不成田"。这里所述的纹就是指的"萝卜纹"。所谓的"萝卜纹"，实际上就是田石肌里所呈现出来的那种隐隐约约的略有明暗、深浅差异的纹路。已知它可以有不同的形态，有的如网状，有的呈棕粒状，有的似流纹状……且或疏或密，或直或弯，表现不尽相同。关于"萝卜纹"的成因，目前还不是十分清楚。有人认为它可能是硅铝凝胶，在转化为地开石或珍珠陶土时晶格受到某种限制造成的。还有人曾对"萝卜纹"进行过光谱分析，发现色深的比色浅的部分含铁量会高一些（据张蓓莉《系统宝石学》第一版）。这使我们猜想，它们的形成是否与结晶过程中的排异作用有关。已知"萝卜纹"也可以出现在某些水坑石、掘性石，甚至山坑石上。但大量的实践观察证明，凡是田石就一

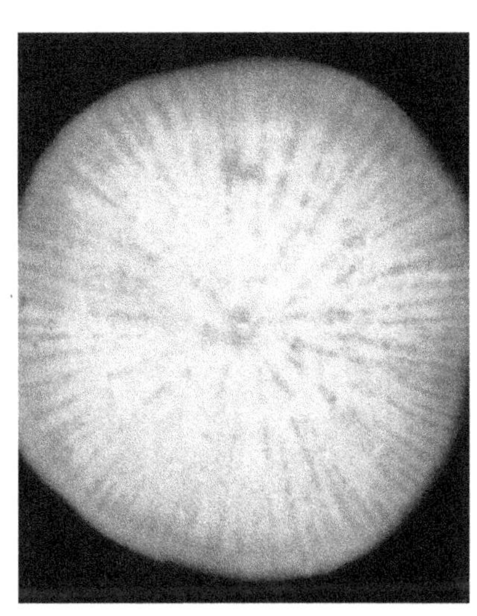

萝卜切片所显示的纹路

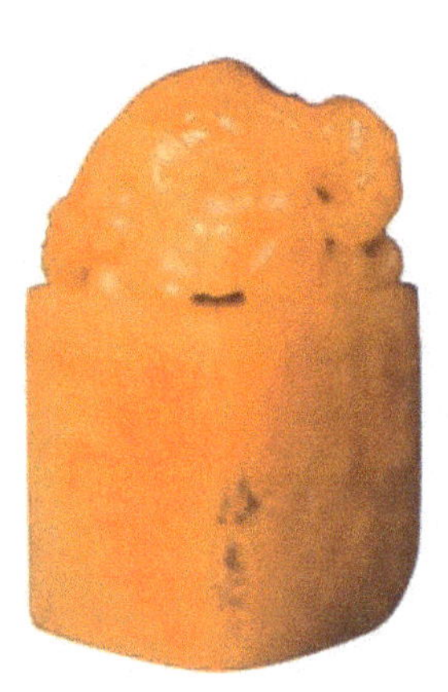

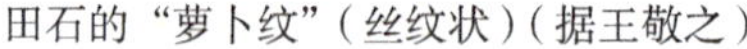

田石的"萝卜纹"（丝纹状）（据王敬之）

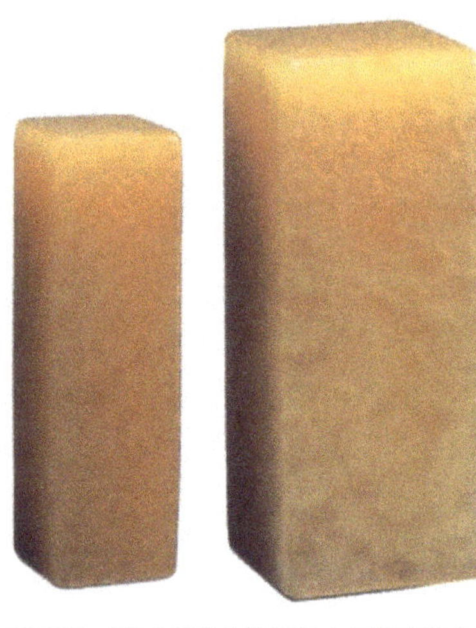

田石的"萝卜纹"（棕粒状）（据王敬之）

定有"萝卜纹"，而有"萝卜纹"却不一定是田石。与其他也具"萝卜纹"的寿山石相比，田石的"萝卜纹"一般更细密、更有序一些。所以，对"萝卜纹"的仔细观察，是鉴别田石的不可缺少的重要依据。

"无格不成田"。所谓的"格"，实系一种封闭型愈合裂隙的俗称。

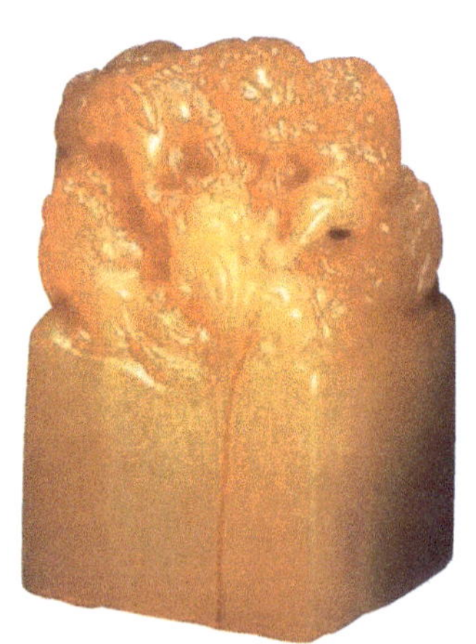

有清晰红格纹的田黄石章
（重 157 克）（据王敬之）

任何一种岩石在形成以后，在漫长的地质时期里，总是会受到地质构造作用力的影响而发生一定程度的破裂，形成裂隙。更何况田石是一种因侵蚀作用而被从原岩中剥离下来的转石，并曾经过较长距离的搬运，才滚落到山脚下的农田里。因此在它滚落、搬运过程中又难免会与周围的岩石发生碰撞，产生或大或小的裂纹。以后它又长期被埋没在砂泥层里，活动于砂泥层中的地下水，必然会渗入它的裂隙。时间一久，裂隙便会被地下水中的水垢所填塞和胶结，于是本来的开放式裂隙便变成为封闭型的裂隙。由于铁是一种地壳中十分丰富的元素，所以地下水中的水垢通常都含有较高的铁，而且由于它们产生于近地表的富氧环境里，铁便主要以红色的氧化铁形式产出。所以这些封闭型的裂隙，就都表现为红色的细脉，也即俗称的"红格"。如果铁是以含水氧化铁（即褐铁矿）的形式充填于裂隙中，便形成为黄色的"格"。不论是"红格"还是"黄格"，它都是一种石病，虽然它们几乎不可避免地总会在田石这一类经过长途搬运的转石中出现，但如果为了追求印石的尽善尽美，可以在取材时通过适当的切割把它去除掉。所以

有黄色格纹的白田章（重75.5克）（据王敬之）

早期的田石制品大多没有"格"，当然我们不能据此来否定它是田石。另外，"格"也会出现在同为转石的掘性石上，甚至也可能出现在山坑石或水坑石上。所以"无格不成田"之说，决不应教条式地套用。

综上所述，"皮、纹、格"这三个鉴定依据，也并非百分之百地绝对可靠，所以，今天在田石鉴定中，人们又引入了红外光谱的检测方法。因为已知田石的矿物组成是地开石，它又具有与其他近似矿物不同的红外光谱特征，这就为利用红外光谱鉴别是不是田石提供了可能。然而，红外光谱检测同样不是万能的，它虽然能帮助我们辨别那些由其他矿物组成的假田石，却没有办法辨别同是由地开石构成的假田石（如下面将要讲到的用其他寿山石充当的假田石和所谓的"昌化田黄"）。

其实，田石的鉴别和所有宝玉石的鉴定一样，单独依赖任何一种方法都不可能取得百分之百的准确结果，而必须是通过不同的方法来互相引证，才能获得比较可靠的结论。也就是说，若要准确判断你手中的石头是不是田石，就必须既要观察它在"细、结、温、润、凝、

腻"这六德方面的表现，又要观察它有无田石的"皮、纹、格"三大特征，还要通过红外光谱的检测，看它是不是由地开石构成的。只有这几方面的结果不相矛盾，才能作出是否是田石的结论。

2009 年北京大学的王时麒教授曾对田黄的相关鉴定依据作出评价，认为确认田黄的矿物组成是否以地开石为主（可有少量的珍珠陶土和高岭石）是最重要的鉴定指标。其次"萝卜纹"也是重要的鉴定指标，"无纹不成田"之说是可以成立的，但不能绝对化。他还认为"无格不成田"和"无皮不成田"之说也基本可以成立，但同样不能绝对化，有的田黄可能没有。他又认为在石质方面，田黄可以有优劣之差，不一定都能符合"温、润、细、洁、凝、腻"这六德的要求。对此笔者持反对意见，不同的田黄固然会有品质上的差异，但若在六德方面有所欠缺，显然就不应把它称为田黄，哪怕它真的是来自寿山中坂。王时麒教授还指出：寿山石是岩浆期后水热变质作用的产物，因此会普遍含有微量的黄铁矿，大多数田黄本应该也会含有微量的星点状黄铁矿，只是由于它长期埋藏于水田中，黄铁矿极易氧化而转变成黑褐色的褐铁矿，因此，这种黑褐色褐铁矿的存在也可作为田黄的鉴定依据之一。对此笔者也认为值得商榷，因为那些同样长期暴露在近地面环境下的掘性石，甚至某些可能受到氧化作用影响的山坑石，也都可能含有这种由黄铁矿转化而来的褐铁矿，因此，其鉴定意义十分有限。

综上所述，田黄的鉴定是一项十分困难的任务，必须慎之又慎，对于没有相关仪器设备的普通爱好者来说，仅凭经验和肉眼观察是不可能完成的。而且即使已证实是田石，它的鉴定也还没有结束，因为接下来又有是否经过人工作伪处理的问题。

（十一）常见的田石仿冒品

在上一节中虽然指出，对于普通爱好者来说要独立地准确判断田石的真伪是一项不可能完成的任务，但在大多数情况下，当机会来临时，常常需要你作出第一判断，因此更多地了解一些常见的田石仿冒品的情况，无疑能帮助你最大限度地避免上当受骗。

常见的田石或其他寿山石的仿冒品，大致可分为五类，现分述之。

1. 经人工作伪处理的田石

一些真田石也会存在这样那样的缺陷，为了能卖出好价钱，一些人便采用各种手法对其进行作伪处理，已知主要有以下三种：

（1）填充法

有些田石不仅有红格，还有开放型的裂隙，这显然不利于田石的牢固，也有碍观感，因此一些人便采用往裂隙中注胶或填蜡的方法予以掩盖；为了让人看不出破绽，通常会在补缀处

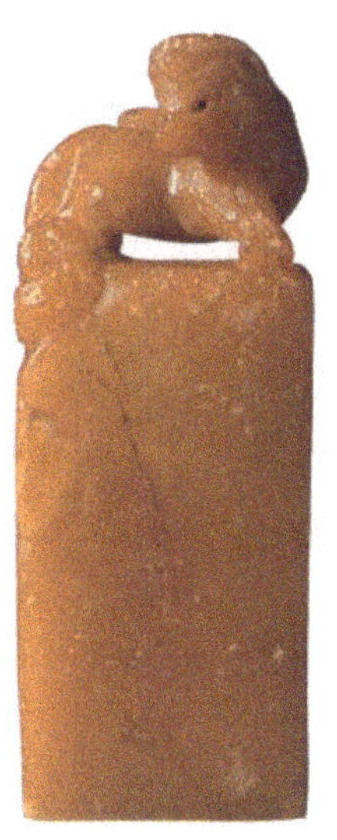

这方兽钮章的裂是属于开放型的，从照片中就可以看到裂纹有开口，若用胶填充就会让人误以为是闭合型的"格"

雕刻适当的花纹，利用花纹的凹凸起伏来加以掩饰。对于这种处理，一般用放大镜仔细检查常可发现它的蛛丝马迹。当然最好是能用荧光灯进行检查，在荧光灯下有胶或蜡的填充处会发出与周围不同的浅蓝色荧光；也可以用热针对可疑部位进行试验，若有蜡，在热针下会熔融、流动，若是胶则在热针下会冒出白烟。

（2）拼接法

和各种宝玉石一样，大块田石的每克单价会比小块的单价高出许多。因此为了获取更高的利润，一些人会用粘胶把小块的田石拼接组合成一个大块。同样他们也会利用花纹对拼接缝进行伪装。对于这种处理，我们同样可用荧光灯或热针来进行检查。另外，还可以通过仔细观察"萝卜纹"或"格纹"的走向予以辨别，若系拼接的，其不同部位的"萝卜纹"或"格纹"常会有不同的走向，甚至错断。

（3）挖补法

有些田石会局部夹杂有品质不好的部分，这显然会影响它的整体售价，因此有人便把这不好的部分挖掉，然后拿一块小的田石或类似田石的其他寿山石把挖坑补上。鉴别这种作伪的方法与鉴别拼接法相同。

2. 用类似寿山石冒充田石

在寿山石中有一些山坑石和掘性石，外观十分近似田石，因此常被人用来冒充田石。其中最常见的有用掘性石中的"鹿目格""牛蛋黄""溪蛋"来冒充的，也有用山坑石中的"连江黄""黄都成"等黄色石来冒充的。

一般要鉴别此类假田石，难度最大。因为它们在矿物组成上，与田石一样主要由地开石构成，红外光谱检测无法区分它们的真伪；其他的宝玉石测试手段也同样无能为力。这时，能用于辨别的主要手段，就是看它有无田石的"皮、纹、格"三大特征。值得注意的是，这些假田石，若是掘性石，有的也可以具有类似的"皮、纹、格"特征；山坑石虽然没有"皮"，但却也可以有"纹和格"。只是它们的"萝卜纹"通常比较粗直，不像真田石那样细密、排列有序。另外，还应该从"细、结、温、润、凝、腻"这六德来进行考察。仿冒的田石在这方面的表现会有这样或那样的不足。

块度和外形也是一种可供参考的鉴别因素。田石由于二三百年来的采掘，数量已十分稀少，新发现的块度都很小，一般不会超过 30 ～ 50 克，因此若你看到的是大块的田石，就必须给予百倍的警惕。从外形来说，田石是地质学中所述的转石，并经过

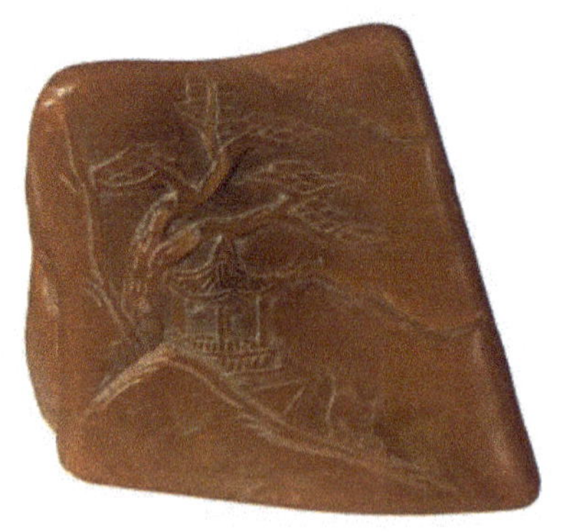

这块用于冒充田黄的"连江黄"，其具有近于方形的形状就启示我们，它不是田黄

较长距离的滚动、搬运，所以一般都成鹅卵石形，无棱角或棱角圆滑；有的还可能有因搬运途中受到磨蚀而形成的大小不一的不规则的磨蚀坑或磨蚀沟。因此如果你看到的不是这种形状，那么几乎可以肯定它不是田石（当然，这不适用于那些经切割和雕琢的田石旧品）。

此外，如果看到石中含有亮晶晶的黄铁矿细晶，也可否定其是田石，因为田石中如果曾含有黄铁矿，在长期的近地面环境下，会早早就转化为褐铁矿。

3. 用其他石料冒充田黄

有些假田黄不是来自寿山本地，而是来自其他地区或国外的类似石料，已知主要有几种。

（1）昌化黄石

一种来自另一个著名的印石产地——浙江昌化的石料。1999 年春，人们在当地山坡上发现了一种外貌酷似田黄的黄色石，立刻引起了极大的轰动，人们纷纷上山翻掘，一时间有大量这种黄色石问世，并被人称为"昌化田黄"。经鉴定，这种所谓的昌化田黄在矿物组成上与真田黄无异，也是由地开石构成，红外光谱检测，无法辨别它的真伪。但它不是产在山下的农田里，而是产在山坡上，因此

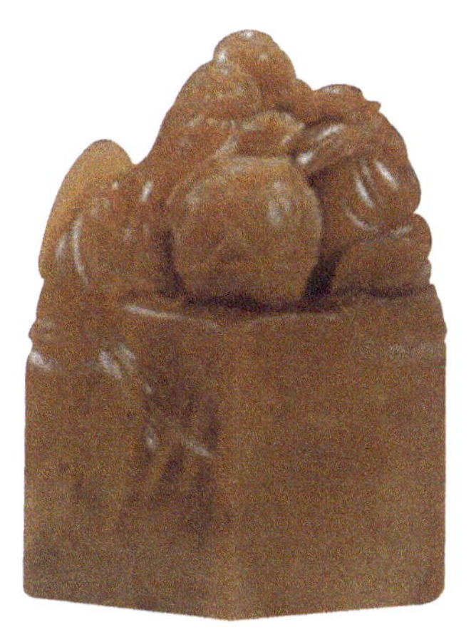

用昌化黄石制作的假田黄章

从其产状来说，它相当于掘性石。另外，由于它没有田黄石那样的形成环境，所以它一般都没有皮，顶多只有表面粗粝的氧化层；它也没有格，有的只是矿物不纯所含有的红色块或红筋；最重要的是它没有通常人们所说的"萝卜纹"，而"萝卜纹"是鉴定田黄石的最重要依据之一。再有，如果用小刀，在它的表面刮一下，露出的质地是白乎乎

的，要经人摩挲一段时间，才能恢复本色；而且迎光看视，被刮的部分有小小的结晶闪闪发光，而田黄石是表里一致，绝对没有这种现象。同时它的质地大多不纯，含有杂质，而田黄石石质纯净，毫无杂质。

若运用"细、结、温、润、凝、腻"这六德标准去检查，则可以看到它的质较粗、较松，用放大镜观察可见肌里有浅色的小点及杂质。即使用 1600 号的水砂纸去打磨，表面上看去十分光洁，但放大观察时仍可看到石头平面上的坑坑洼洼。鉴于这些特征，为了不与田黄混淆，人们已经建议不称其为"昌化田黄"，而称其为"昌化黄石"。

平心而论，"昌化黄石"如果以自己的本来面目示人，是无可厚非的，它们中的佳品，也值得人们收藏，毕竟它是印石家族中新的成员，又是高贵的昌化鸡血石的"本家"。问题是它不能以田黄石的名义和价值出现。但在今天的印石市场上就不乏有人将它冒充田黄高价出售，一块不大的印石竟然胆敢标价数万，读者切切不要上当。

（2）印尼金田黄

一种产自印度尼西亚爪哇岛的太阳溪的石料。其原石在未加工前外观似肥皂，而有"肥皂石"之称。起初它在印尼并没有受到人们的重视，2000 年前后进入我国台湾市场，被加工成工艺品，而有了"太阳石"之称；2005 年又被引进大陆，被一些爱好者所赏识，又改称"金田黄"。

金田黄以黄色系列为主，也有橘红色，可有深有浅；一般说来色艳而匀，阳光面常呈玻璃光泽，透明度明显高于寿山田黄。质地温润、细腻、油滑，不粗不干不燥，抚之宜手。温、柔、刚并举，在光线照射下，石质本身会散发出黄而微红之光；握入手中感觉温顺，任由摩挲把玩后更加油光欲滴，水气滑手。甚至有人认为它也具备"温润凝结、晶莹剔透"。

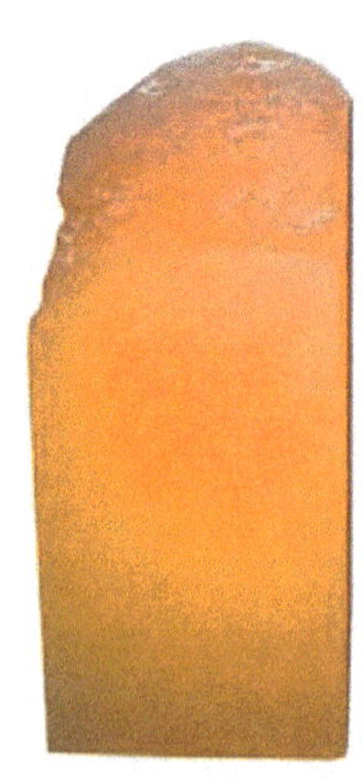

金田黄

金田黄除了极少无石皮外，一般情况都有石

皮包裹，有白皮、红皮、褐皮、黑皮等（因而石皮也是鉴定金田黄的依据之一）。一般来说，金田黄白皮黄心（银包金），冻石为极品，其他次之，也有乌鸦皮，皮肉分明很清楚。

金田黄多有格，皮外格纹粗现，内里格纹细飘，"萝卜纹""网状纹""水彩纹"飘逸鲜活；格纹多现于表皮层，硬度3~3.3，易雕刻。

据鉴定，其主要组成矿物为方解石，并含微量铁、锰及更微量的钒。折射率1.62，相对密度2.80。其鉴别相对容易，因其组成为碳酸盐，与田黄等印石明显不同，只要滴一滴稀盐酸，即可看到它明显起泡，而田黄等则不会。

应该指出，金田黄深受一些人的喜爱，价格不断攀升。事实上，它若以其本来面目出现，自应有其合理定位，但其毕竟与田黄有着悬殊的差别，田黄爱好者们切勿误判。

（3）斜绿泥石质仿田黄

一种主要由斜绿泥石组成的田黄仿制品。呈似田黄的黄色至褐黄色，玻璃光泽，半透明，隐晶质，质地细腻，结构较均匀，表面圆润光滑；在物质组成上除斜绿泥石外，还含微量滑石。折射率1.585（点测），相对密度2.81，硬度2.0~2.5。有的表层可见一层轻薄的石皮，颜色泛白；置于灯光下，隐约可见条纹状的似"萝卜纹"，和黄红色的"红筋"。故从"色、形、皮、纹、格"特征看，酷似田黄。

但从总体看，其透明度较田黄好，折射率和相对密度也较田黄高（田黄折射率1.56~1.57，相对密度2.5~2.7），且硬度稍低，可被指甲刻动，藉此当可识别之；如若不能，采用红外光谱进行鉴定，则可给出更明确的结果：斜绿泥石质仿田黄和田黄均在3700~3400 cm^{-1}有宽的羟基吸收，但斜绿泥石质仿田黄尚叠加有3679、3671、3651、3629 cm^{-1}4个弱的肩形峰，而田黄则有3700、3645、3625 cm^{-1}处的尖锐强吸收峰。

（4）含稀土黄蜡石

一种产于江西稀土矿区卵石层中的含稀土的硅质砾石。黄色，质地细腻，外观酷似田黄，因而有"硅质田黄"之称。但实际上它与田黄完全是风马牛不相及，不论是矿物成分还是性质都相去甚远。它主要由二氧化硅构成，并含有少量的铁、钽和微量稀土。硬度大于 7，韧性甚好，从高处摔落而不裂。因此，凭其高硬度，很容易与田黄区别。

（5）滑石

一种含水的层状硅酸盐 $[Mg_3[Si_4O_{10}](OH)_2]$。在某些印石中它也常常以杂质矿物的形式夹杂于主要矿物之中，但若由滑石作为主要矿物构成的滑石岩，则因硬度偏低而不适宜用作印石（虽然也有人用于治印，但极易损伤，甚至毁坏印文）。业界人们俗称其为"粉石"，盖因其硬度只有 1.5 ~ 2，低于人们的指甲硬度，若在石棱处用指甲划刮一下，即可刮下粉末之故。

滑石可有多种不同的颜色，如白、绿、黄、红等，一般具半透明至微透明，因此除了它的黄色品种被用于冒充田黄外，其他颜色品种也有用于冒充白芙蓉、红高山等的。

滑石不仅硬度低，而且一般结晶颗粒较粗，常具油脂光泽，手摸有明显滑感，可与寿山石区别。红外光谱检测更能准确地揭示它的本质。

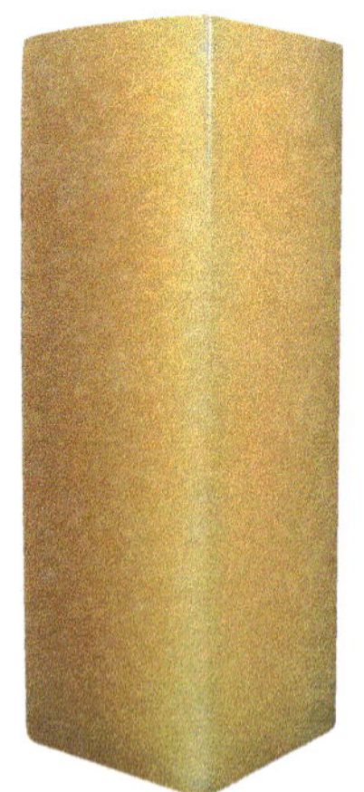

青海黄冻

（6）青海冻石

产于我国青海西宁盆地的一种石料。其矿物组成成分主要是石膏 $[CaSO_4 \cdot 2H_2O]$，含量几乎达 99%，粒度细小，呈微晶质，半透明到微透明。按其颜色和花纹可分六个品种：水晶冻、雪花冻、红花冻、茶冻、黄冻和绿冻。其中黄冻有被用于冒充田黄，其他则被用于冒充类似的寿山石。

青海冻石虽然透明度大多较好，类似寿山中的各种冻石，但它的透明度通常不均匀，常夹杂有透明度较差的石花；它的硬度较低，2 左右；相对密度也较低，2.3 ~ 2.4，可与寿山石区别。它还比寿山石更易失水而开裂。另外，由于它的主要组成矿物为硫酸盐，若刮取少许粉末，置入硫酸中会很快溶解；寿山石则不会。

4. 用人工着色印石充当田石

已知此类仿冒品有若干不同种类。

（1）染色寿山石

通常染成黄色，以冒充田黄。方法大多是把品质较佳的高山石、都成石等山坑石，先打磨成类似田石那样的鹅卵石形，然后将其置于杏干水或藤黄水中蒸煮，约 10 小时后取出；冷却后，有的表面再涂上一层假石皮，就可以用来冒充田黄了。但这种假田黄不会有"萝卜纹"，也不会有"红格"（如果有"格"，也已被染成黄褐色），质地也不像田石那样细洁、温润，而且表皮色深而不自然，若有裂隙或空洞，则可看到有染色料沉淀其中。另外，还可以用蘸有丙酮等溶剂的棉球擦拭，棉球将被色染。

（2）涂层寿山石

通常也主要用于冒充田黄。方法也是选择一些品质相对较好的山坑石，最好本来有些黄色，然后将它打磨成鹅卵石形，再将黄色石粉与环氧树脂或其他有机胶混合拌匀后，涂覆于料石表面，干燥后再进行适当的抛光、薄意雕琢等工艺处理即成。此类假田黄，也没有"萝卜纹"和"红格"，而且其皮色与内部的颜色常不协调，变化过快，光泽也与正常有异。另外，若从其表面刮取少许粉末，粉末是黄色的，而真田黄的粉末是白色的。

（3）煅红寿山石

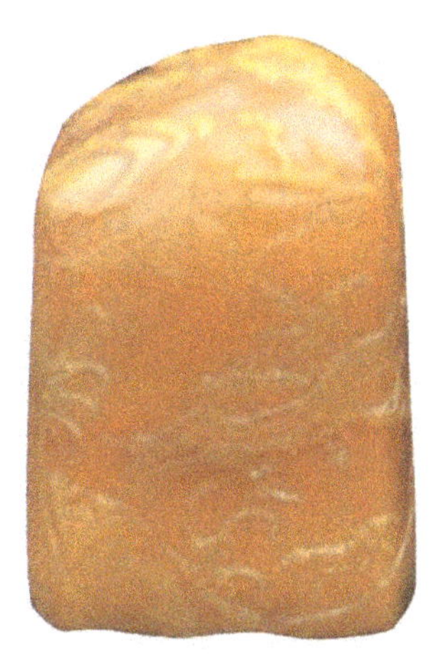

用涂层法制作的假田黄（据王敬之）

前面在讲到红田时就已经讲到，有一种红田实系人们在田中烧草积肥时，产生的高温使地下的田石表皮因氧化作用而变为红色。如果说这样的变化是人们下意识所为的结果，那么今天还有些人就有意识地借此方法来制造假红田。方法也是选取适当的山坑石，并将其打磨成鹅卵石形，然后将其浸泡于硝酸亚铁 [Fe（NO_3）$_2$] 溶液中，以增加料石的铁含量，约一昼夜后取出使其干燥。接着把其置于稻糠壳的炉火里或电热炉中，恒温 300℃ ±，12 ~ 30 小时，即可获得似红田的红赭至浓赭色。不过由于加热过程中伴随有部分矿物的失水，所以要进行"回湿"处理。即将煅烧好的料石重新埋入阴湿的泥土地里，若干天后取出，并进行适当的抛光、薄意雕琢等工艺处理即成。

这种假红田的表皮颜色过于红艳，并主要集中于皮层；尽管做过回湿处理，但毕竟时间有限，在煅烧过程中转化形成的莫来石，不可能重新转化为地开石，所以它的表面会具有强于真田石的玻璃光泽；石性也变硬、变脆，绺裂也增多，加工镌刻性能明显变差。当然它更不可能有田石那样的"萝卜纹"。

（4）煨黑寿山石

主要用于冒充黑田。方法也是选取适当的山坑石将其打磨成鹅卵石形（也有的是已制成的雕件），并在其表面涂上一层油（也有的不涂油），然后将其煨于无明火的稻糠壳中，让稻糠壳慢慢燃烧产生的黑烟熏染料石，使其成为黑色。同样，在这过程中也有矿物水分的丢失，所以也要进行"回湿"处理及适当的抛光和薄意雕琢等工艺处理。

鉴别这种假黑田，首先是看它的表皮，颜色会过于漆黑，不像真黑田的黑色有深浅浓淡的变化，而且真黑田的黑色中总是带有某种程度的赭色调，不会那么漆黑。其次，与煨红寿山石一样，它的表面光泽也增强成为玻璃光泽。第三，它的石性变硬、变脆，绺裂增多，加工镌刻性能同样明显变差。另外，它也不可能有田石那样的"萝卜纹"。

（5）仿古寿山石

对寿山石的利用，从南北朝时期至今已有 1 500 多年的历史，民

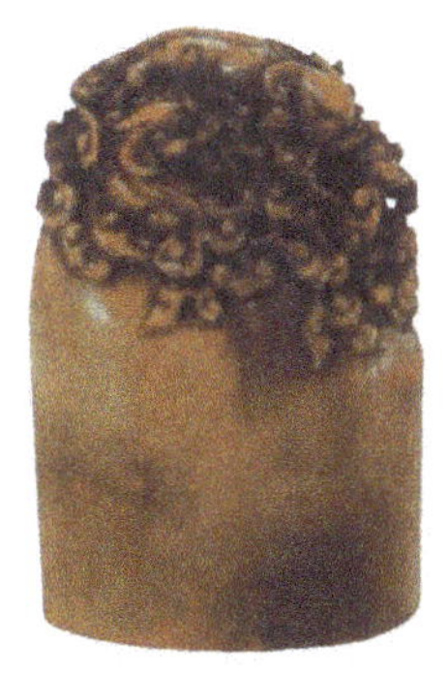
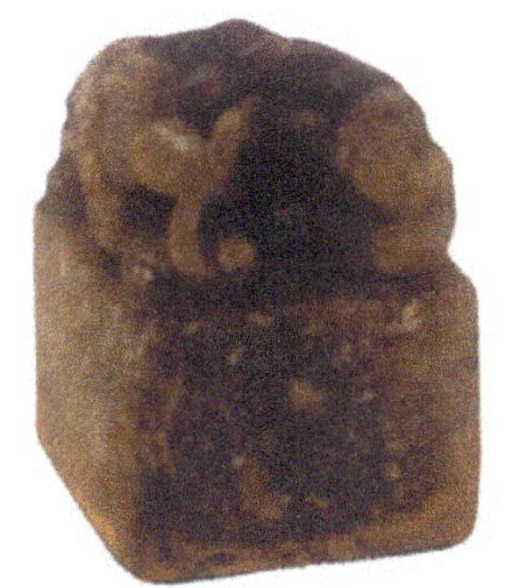
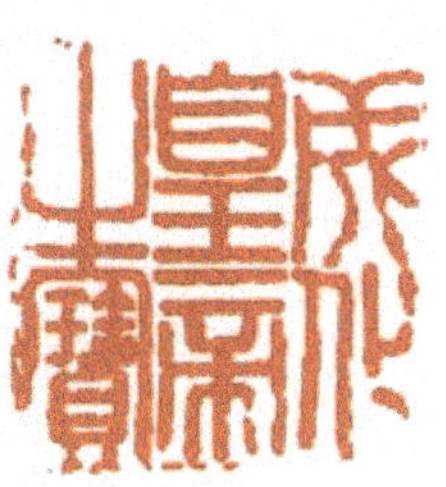

清 道光皇帝玺 "主善为师"（寿山石）

明 成化皇帝之玺（寿山石）

间也流传有一些不同时代的寿山石制品。就像古玉一样，这些古寿山石也比新品更为收藏者们所喜爱，价值自然也更高。这就促使一些人想尽办法制造仿古寿山石。仿古寿山石的制作大多也采用染色或烟熏的办法，以显示其古朴的外貌。

鉴别此类仿制品可从以下三方面入手：①石色。仿古者一般色较深，且均匀而不自然，通常以古铜、枣红、墨绿、暗红、紫檀为主，并常在裂隙或凹坑处沉淀有染色剂。而真古品，色深浅均有，各色俱全，且色分布常不十分均匀，并时有色点、色斑和色团、色块夹杂，自然柔和。②型制花纹。古印章中兽头钮占主要地位，用人物（仙佛）做钮是近百年来的事，而花果类钮则是近代的创造。此外，印章下方四周的纹饰、印面特征等均会具有时代的烙印，可供判断。③意境。真品的意境常反映其时代的背景，制作精细，而仿品大多粗制滥造。当然以上三点只能是一种粗略的判断，真要对其作出准确的鉴定，还得依赖更精密的测试。

（6）染色绿泥石–蛇纹石

一种由绿泥石和蛇纹石共同组成的石料。原石通常具有不同程度的灰绿色，因此为了冒充田黄就需要进行染色处理。一般会先进行打磨，让其具有似田黄的外形，然后再染成黄色。其石质细腻、致密，

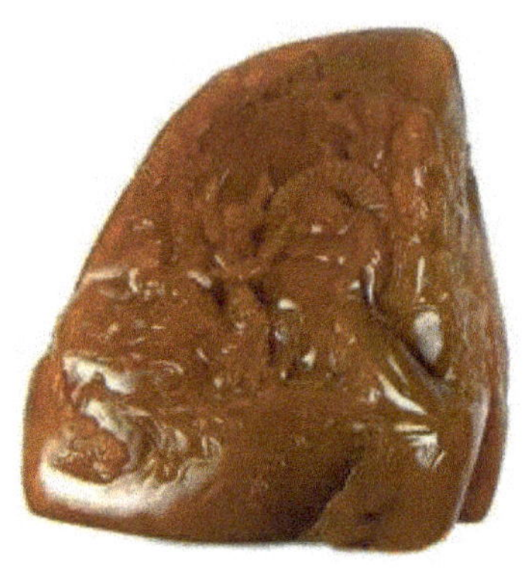

染色的绿泥石

具微晶或隐晶结构，折射率 1.56 左右，相对密度 2.59，故外观酷似田黄，但其不会有"萝卜纹"，也不会有"红格"（如果有"格"，也已被染成黄褐色），而且毕竟是染色品，就会有染色品的共同特征，若有裂隙或空洞，则可看到有染色料沉淀其中。另外，还可以用蘸有丙酮等溶剂的棉球擦拭，棉球将被色染。此外，也可用红外光谱进行检测，则可发现其红外光谱曲线与田黄石明显不同。

5. 人造假田石

已知有两种不同类型。

（1）仿造寿山石

一种用外观与田黄或其他优质寿山石相似的半透明或微透明塑料仿制的寿山石。此类仿造品以质轻为特征，其相对密度一般在 1.05 ~ 1.55，这与寿山石通常具有的相对密度 2.57 ~ 2.84 相比差别明显。另外，它还具有大多数塑料所共有的特征，如受热软化，烧之有异味，手握有温感（天然寿山石较冰凉）等，可资鉴别。

（2）模制寿山石

一种用寿山石粉或其他印石粉压制而成的人造石。通常会把石粉先染成黄色，然后加上树脂拌匀，再用模具直接压制成形（常直接压制成似田黄石章）。

此类制品若用荧光灯检查，会发现它具有天然寿山石所不常见的淡淡荧光。还有，在高倍显微镜下，可以看到石粉相互黏结的颗粒状结构，而天然寿山石的结晶颗粒是非常细小的，显微镜下无法看到。另外，它当然不可能有田石的"皮、纹、格"特征。它的表面还会具有异样的树脂光泽。雕刻时，进刀则有韧而不爽的感觉。

（十二）寿山石的收藏要点

在结束关于寿山石的介绍之前，让我们简要地归纳一下收藏寿山石要注意的几个问题。

1. 众多品种的优劣评价

首先你应该知道，寿山石是一个大的品类，已知它有上百个不尽相同的品种。这些品种良莠差别很大，若从经济价值而言，一块同样大小的寿山石，有的价格可高达几万元、几十万元，甚至上百万元（如田黄），但也有的仅区区几十元（如某些峨眉石）。那么怎样判断它们的好坏优劣呢？应该从石质、石色、呈像、石品、块度、做工这六个方面予以评测。

2. 品质和身价伯仲可分

在各种寿山石中，田坑石无论从品质而言，还是从身价而言都高居众石之首。但田坑石也不都是铁板一块、伯仲难分的。一般说来，在各种田石中，田黄是最常见的，所以不是最贵重的；白田是最罕见的，越白越罕见；但最贵重的却是红田，当然不是那种烧红的红田，而是那种色如橘皮（注意是指福建产的芦柑的

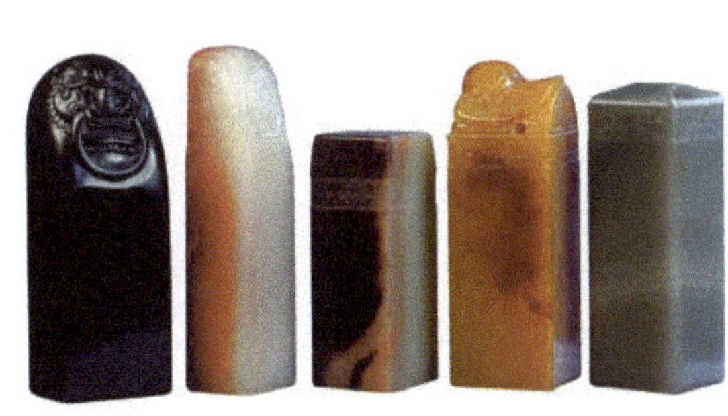
五件一套的寿山石章
从左到右是尼姑寮［28×20×80（mm）］、桃花芙蓉［20×18×80（mm）］、月尾紫［22×22×60（mm）］、黄杜陵［25×23×77（mm）］、灰善伯［24×24×72（mm）］

橘皮）、鲜艳通明的"橘皮红田"。

3. 生疑、识别真伪田石

在当代市场上，田石不乏有这样那样的仿冒品。其中那些用其他石料来冒充的假田石，由于与真田石的物理化学性质相差明显，因此比较容易识别。但那些经不同程度作伪处理，或用类似田石的其他石料来仿冒的假田石，在鉴别上难度很大。较有把握的做法，是请专业机构应用必要的仪器对其进行鉴定。鉴于田石鉴定的难度和昂贵的价格，为了保险起见，最好是让两家，甚至三家机构进行鉴定，以便互相引证，确保无误。

4. 收藏品类及其品种多样

在众多的寿山石中，并不是只有田石才值得收藏。许多水坑石，如鳝草冻、天蓝冻、桃花冻、环冻、玛瑙冻等；还有某些掘性石和山坑石，如著名的艾叶绿、白芙蓉、鸽眼砂、鹿目格、牛蛋黄、高山玻璃冻等，也都具有一定的收藏价值，若有机会，千万不要错过。

5. 寿山石的收藏与保养

寿山石的组成矿物是含水层状硅酸盐，高温和长时间的干燥环境会促使它失水，进而引起开裂，光泽减弱，不再那么滋润。它又硬度较低，易受硬物的擦伤。为了防止这种现象的出现，一般可在其表面涂油加以保护，然后将其置于盒中保存。如果一定要拿出来展示，则应尽可能避免阳光或强光的曝照，而且过一段时间后，应将其浸泡于水中，让丢失的水分得到适当的回补。

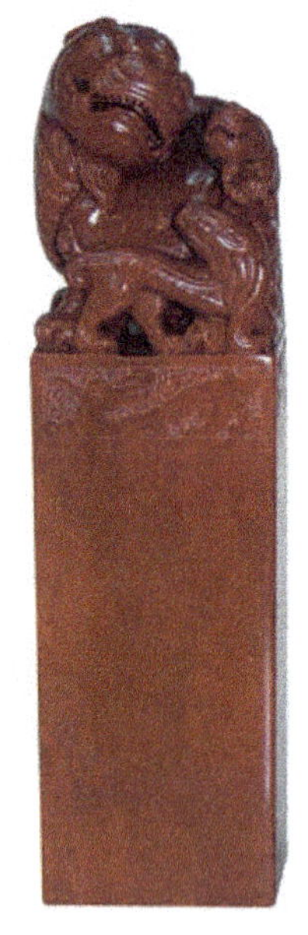

高山朱砂古兽钮方章
35×35×126（mm）

二、青田石

青田石是与寿山石、昌化石、巴林石并列的我国著名的四大印石之一，也是最早被用作印石的石材，因产于浙江省青田县境而得名。

（一）享誉全球的青田石

青田石的利用有着十分悠久的历史。从目前已发掘的文物及相关资料看，早在崧泽文化时期（距今约 6 000 ~ 5 300 年），青田石就被人们所利用，雕制各种装饰品。如 2006 年在浙江湖州出土的青田石制品"青田璜"，距今已有约 6 000 年的历史。1989 年在江西新干县出土有殷商时期的青田石雕件"玉羽人"。该文物呈枣红色，通高 115 厘米，造型奇巧，刻工精细，是一件不可多得的艺术珍品。

大约从三国、魏晋时代开始，青田石有了更广泛的利用。但这时期的制品多为比较简单的实用器具，并以供墓葬、宗教及文房用具为主。今浙江博物馆就收藏有这个时期的供墓葬用的 4 只青田石小卧（握）猪。

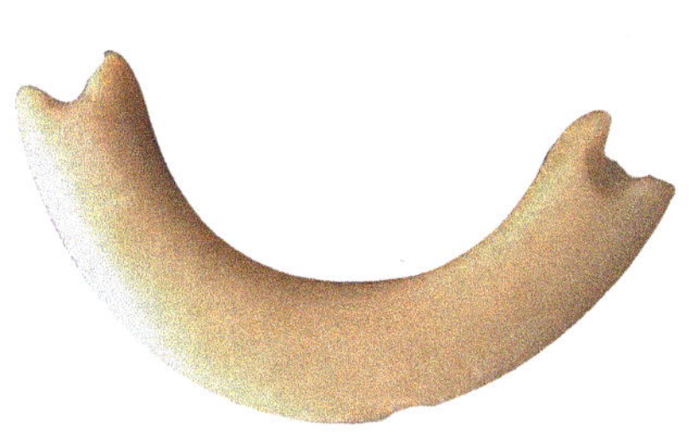

湖州出土的约 6 000 年前的"青田璜"

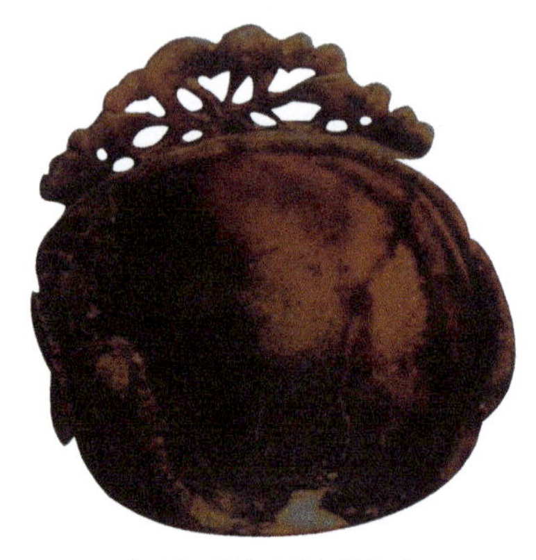

现存浙江博物馆的明代水盂

宋代，浙江的社会、经济、文化得到极大的发展，特别是南宋时期，浙江成了全国的政治、经济、文化中心。与青田一衣带水的"东瓯名城"温州，不仅经济发达，还是对外贸易的口岸之一。在如此有利的条件下，青田石雕的生产有了较快的发展，但仍以实用为主，如文房用具，少部分也有用于制作妇女用的小件装饰品等。

元代，青田石的利用有了新的发展，如书画家赵孟頫曾率先使用青田石治印。

不过，用青田石治印的盛行却在他之后将近 200 年的明代中期。始于著名书画家文徵明的长子文彭，因而他被后人尊为"印石鼻祖"。

在明代，青田石除用于治印外，也有用作墓志碑、铭等。

延至清代，青田石除了继续广泛被用作印材外，还越来越多地被用于工艺雕琢领域，而且雕琢技艺也渐趋成熟，品类越来越丰富。清光绪《青田县志》载："方山石，石何奇，巧匠斫山，石出之。大者仙佛多威仪，小者杯杓几案施。精者篆刻蟪蛟螭，顽者虎豹熊罴狮。"这些生动的描述，概括了青田石雕当时的技艺特色。青田石和青田石雕越来越受到社会的赞赏与珍视。清代乾隆皇帝八旬万寿节时，大臣将一套青田冻石刻的"宝典福书""元音寿蝶"印章敬献给乾隆皇帝，深得乾隆的喜爱。这套印章共 60 方，石质细润，造型各异，十分精美。现珍藏于北京故宫博物院。清代，除乾隆帝特别喜爱青田石之外，其他皇帝也很欣赏青田石，现珍藏故宫的青田石总计达 346 方之多（台湾故宫除外）。

青田石和青田石雕的走红，不仅为青田赢得了"石雕之乡"的美誉，还开创了一个遐迩闻名的"华侨之乡"。清朝初年，青田人肩挑背扛"图书石"（青田石雕）开始闯欧洲，往国外销售。据 1925 年英文版《中国年鉴》载，早在 17、18 世纪，就有少数国人循路经西伯利亚前往欧洲，贩卖青田石制品。嗣后群相效法，纷纷以出洋货易为能，视远历生洋如归村市。如今青田的山口还有花旗街为证。据称，目前出身青田的华侨，已遍布世界 120 多个国家和地区，约有 22 万之众。他们大多是从青田石雕文化之路走出来的。

民国以来，青田石雕的技艺愈趋成熟，特别是新中国成立后，现代工艺美术思想的引入，使青田石雕的传统工艺美术从业者受到了现代艺术的熏陶，开阔了视野，丰富了内涵，提高了技艺，有了新的创新。

改革开放以来，青田石雕更是百花齐放、百家争艳，获得了空前蓬勃的发展，艺人们根据石材的特点展开构思，因材施艺，依色取俏，化腐朽为神奇，使青田石雕具有独特的艺术魅力，涌现出许多优秀的工艺大师。他们有的擅长山水、花卉，有的精于动物、人物的塑造，并能巧妙地利用青田石丰富色彩，配以富有层次的立体镂雕，致使他们的作品件件形象生动、精妙绝伦，具有极高的鉴赏价值，被誉为"在石头上绣花"，成为我国工艺美术百花园中的一朵灿烂的奇葩。

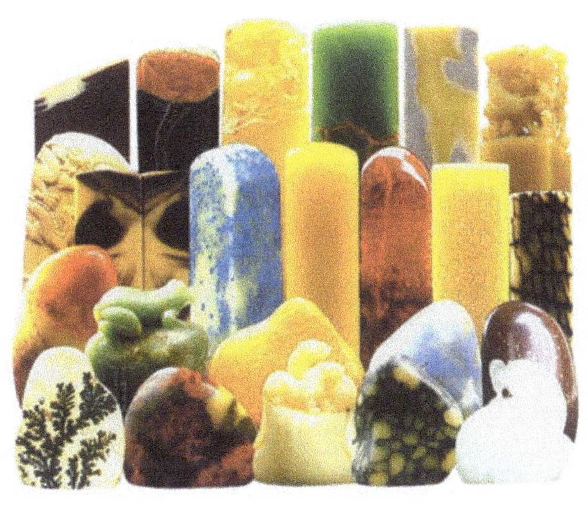

斑斓多彩的青田石

目前，在人们的精心培育下，青田石雕发展迅速，已有从事石雕创作、生产、经营的人员 2 万多人，产值达数亿元。作品远销 50 多个国家和地区，享誉海内外。

（二）青田印石的文化源流

著名书画家赵孟頫曾取青田石中的灯光石作印。稍后著名画家王冕又使用青田石中的花乳石制印。但是直到近 200 年后篆刻家文彭大量使用青田石制印，才引起了世人的广泛注意，于是青田石之名迅速流传，艳传四方。

文彭，字寿承，号三桥，长洲（今苏州）人，是有"明四家"（另 3 人是唐寅、沈周、仇英）之称的著名书画家文徵明的长子，以明经廷试第一，仕为国子监博士。据《印人传·卷一·书文国博印章后》记曰：余闻国博（因文彭曾任国子监博士，故有此称）在南临时，肩一小舆（乘一软轿），过西虹桥，见一蹇卫（蹇意驽钝，卫指驴子），驼两筐石。老髯（老者）复肩两筐随其后，与市肆互诟（辱骂，这里指争执不休）。公（文彭）询之。（老髯）曰："此家允我买石。石从江上来，蹇卫与负者，须少力资，乃固不与，遂惊公。"公睨视久之，曰："勿争，我与尔值，且倍力资。"公遂得四筐石，解之，即今所谓灯光（冻石）也。下者亦近所称"老坑"。时谷共中为南司马，过公，见石累累，心喜之……先是，公所为印皆牙章，自落墨，而命金陵人李文甫镌文。李善雕扇边，其镌花卉，皆玲珑有致。公以印属之，辄能不失公

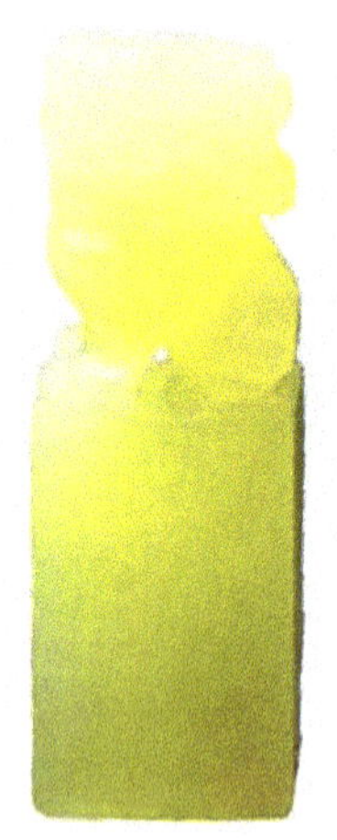
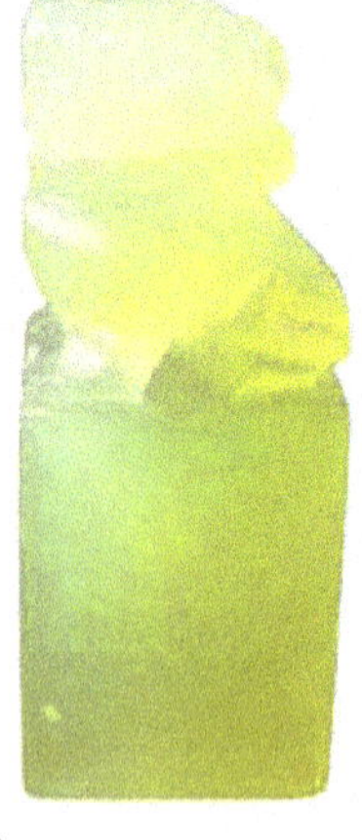

灯光冻

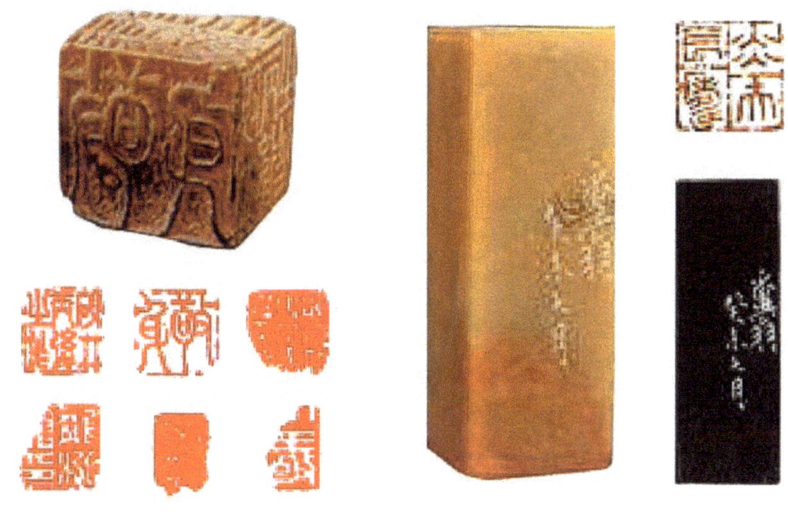

丁敬的六面印　　　　　　　　　　吴昌硕刻制的青田石章

笔意。故公牙章半出李手。自得石后，乃不复作牙章。谷共中乃索其石满百去。半以属公，半浼公落墨，而使何主臣镌之。于是，篆刻家皆贱金玉而贵石，青田印石一时风行。故后世尊文彭为"印石鼻祖"。

自文彭以后，青田石越来越受到人们的青睐。明万历年间的《承清官印谱》录有印石 664 方，其中半数以上是青田灯光冻。

延至清代，青田石更与当时文人学社——西泠派结下深缘。所谓西泠派是清顺治、康熙年间，由杭州诗人陆圻、丁澎、柴绍炳、毛先舒、孙治、张纲孙、吴百朋、沈谦、虞黄昊、陈廷会十位（还有陈子龙等）于杭州西湖上所组建，因西湖有西泠桥（又称西陵桥），故诗社名为西泠诗社。该十名诗人号称"西泠十子"（又称西陵十子），后以他们为中心，形成了在清初具有相当影响力的学派，被称为西泠派。西泠派不仅擅长诗词，也工于字画、篆印，并代有人才辈出。该派由于主要由浙人组成，因此对已享有盛名的青田石自然也就情有独钟。

清光绪三十年（1904），篆刻家丁辅之、王褆、叶为铭、吴隐等召集同人发起创办西泠印社。1913 年，近代艺坛巨擘吴昌硕出任首任社长，盛名之下，天下印人翕然向风，东瀛名家河井荃庐、长尾雨山渡海来归，一时精英云集，入社者均为精擅篆刻、书画、鉴藏、考古、文史等之卓然大家。今西泠印社的社员已广布于中国大陆近 30 个省（市）、自治区和我国香港、澳门、台湾地区以及日本、韩国、新加坡、马来西亚、法国、捷克、加拿大等国家。

（三）青田石的基本特征

青田石产于浙江省东南部的青田县，位于瓯江中下游。已知可分为三个主要矿区，即山口矿区，包括山口至方山一带的封门、尧士、旦洪、白垟、老鼠坪等产区；季山矿区，包括季山一带的季山、周村、岭头、塘古、山炮等产区及饭甑山矿区的武池等地。除这三个主要矿区外，人们也把浙江省其他地方，如苍南、泰顺、云和、常山等地所产的类似的印石，也称为青田石（应为广义青田石）。

已知青田石主要赋存于 1.4 亿～1.2 亿年前的晚侏罗纪到早白垩纪时期的中酸性火山岩中，其矿体呈似层状、透镜体状、脉状及其他不规则状。矿体一般长几十米到 100 米以上，宽几米到几十米。在成因上与寿山石类似，也是由火山喷出的流纹岩和火山凝灰质岩，在后期热水溶液的作用下变质而成，故矿层中常保留有早期岩石的未变质的残余。

青田石是一种主要由呈隐晶质或微晶质的含水层状硅酸盐组成的岩石，并以叶蜡石为最主要的组成矿物。较详细的研究表明，按其矿物组成它可划分为叶蜡石型和非叶蜡石型两大类型。

1. 叶蜡石型

已知绝大多数青田石都属于叶蜡石 $[Al_2(Si_4O_{10})(OH)_2]$ 型，如著名的"封门青""封门三彩""黄金耀""白果"等。

2. 非叶蜡石型

又可分三个亚类：

（1）地开石 [Al$_4$（Si$_4$O$_{10}$）（OH）$_8$] 型：可以"冰花灯光冻"、北山晶为代表，以透明度较高为特点。

（2）伊利石 {K$_{<1}$Al$_2$[（Al，Si）Si$_3$O$_{10}$]（OH）$_2$•nH$_2$O} 型：以"竹叶青"和部分"龙蛋"为代表，是较为少见的青田石品种。

（3）绢云母 [KAl$_2$（AlSi$_3$O$_{10}$）（OH）$_2$] 型：以"山炮绿"为代表，也是较少见的青田石品种。

青田石尽管存在这样一些矿物组成不尽相同的类型，但所有的这些组成矿物，都无例外的是含水层状硅酸盐的一种，它们的化学成分虽然略有差异，但晶体结构相似，物理化学性质也十分近似，采用简单的方法很难将它们一一区分开来，而且从印石利用的角度来看，它们也无实质性的差异，所以实用上人们一般不对其再作这样仔细的矿物学划分。

在青田石中，除了上述的各种主要组成矿物外，还时而夹杂有微量的其他杂质矿物，其中最常见的有石英 [SiO$_2$]、高岭石 [Al$_4$[Si$_4$O$_{10}$](OH)$_8$]、绿泥石 [(Mg，Fe)$_5$Al[AlSi$_3$O$_{10}$](OH)$_8$]、蒙脱石 [(Na，Ca)$_{0.33}$(Al，Mg)$_2$Si$_4$O$_{10}$(OH)$_2$•nH$_2$O]、红柱石 [Al$_2$SiO$_5$]、硅线石 [Al$_2$SiO$_5$]、蓝线石 [Al$_7$(BO$_3$)(SiO$_4$)$_3$O$_3$]、磷灰石 [Ca$_5$(PO$_4$)$_3$(F，Cl，OH)]、刚玉 [Al$_2$O$_3$] 以及黄铁矿 [FeS$_2$]、褐铁矿 [Fe$_2$O$_3$•nH$_2$O] 等。

从化学成分看，青田石的主要组成元素是硅、铝和氢、氧，次要元素有钙、镁、钾、钠，铁、锰、钛，以及在某些品种中出现的铬、铜、锌、铅和硫、磷等元素。人们认为正是这些微量元素的存在，才造就了青田石的丰富色彩。

在岩石结构上，青田石一般为微晶质，并具略有方向性的鳞片结构。

已知青田石有着斑斓多彩的颜色，如白、青白、白果白、灰白、粉红、紫红、褐红、暗红、黄、淡黄、金黄、深黄、褐黄、灰黄、土黄、绿、浅绿、苹果绿、豆绿、翠绿、黄绿、褐、深褐、暗褐、棕、灰、

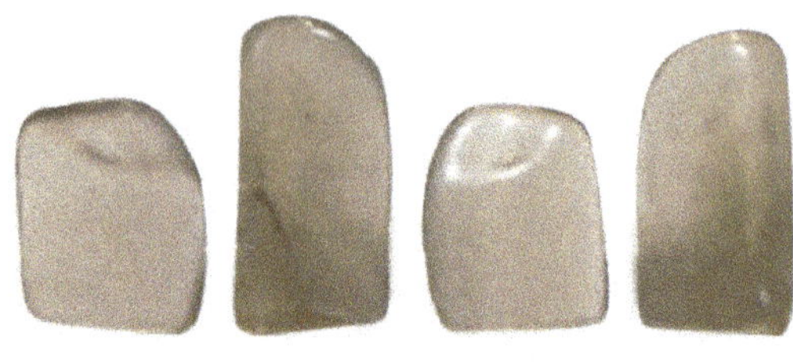

近于全透明的灯光冻

蓝灰、浅蓝、深蓝、紫蓝、檀紫、赭紫和黑色等。其中尤以像蓝宝石那样的蓝色和像翡翠般的翠绿色，是其一大特色。

在透明度方面，青田石多为微透明到不透明，少数半透明，也有极少数可以达到亚透明，甚至近于透明。如被称为"灯光冻"的品种，就可以达到近于透明或亚透明的程度；另外，由于组成成分上的变异，在同一块石料上也常常可以看到不同的部分有不同的透明度；也有的在不透明的底质上点缀着星点状的透明度较好的斑点；反之，在透明度较好的冻底上，散布着一些透明度不好的不规则石花。

青田石的光泽一般较弱，未加工的料石多呈土状光泽；抛光面多呈蜡状光泽；部分透明度较好的也可具有油脂光泽；少数含有较多石英微晶的，则可具有玻璃光泽。

青田石的折射率一般在 1.53 ～ 1.60。在长波紫外光照射下，一般无荧光反应。一些经人工作假处理的青田石则在作假处常可见有荧光。

青田石的硬度一般介于 2 ～ 2.5（比寿山石稍低）；但含杂质矿物较多的，硬度会偏高，如被称为"蓝带"品种的蓝色部分因含有蓝线石、蓝刚玉，硬度可高达 7 ～ 9。

青田石的韧性尚好，适宜镌刻。若因故折断，其破裂的断口，一般稍感粗糙，有的还有片状的方向感。

青田石的相对密度一般为 2.65 ～ 2.90（略高于寿山石）。尤其是含有较多的杂质矿物，如红柱石、蓝线石、刚玉等者，其相对密度会偏高一些。

青田石的化学稳定性尚好，对一般的弱酸弱碱有一定的抗腐蚀能力。但由于其主要组成成分都是一些含水矿物，所以不能耐受高温，也忌长时间的烈日曝晒。

（四）青田石的常见品种

青田石品种众多。习惯上，人们对青田石的分类，不以其矿物组成的不同为依据，而是以产地、石色、呈像等为依据，给予划分和命名。如：

以产地命名，有封门石、武池石、岭头石、老鼠坪石等。

以矿洞命名，如产于旦洪官洪洞的"官洪冻"。

以人名命名，有牛寮坦村民叶南光于 1975 年在外头山山腰凿洞开采的，其中一种青色肌里隐白色斑纹者，称"南光青"。

以呈像命名，如冰纹青田、金银纹、夹板青田、木板纹等。

以石色命名，如黑青田、黄青田、酱油青田、石榴红等。

除这些名称外，人们还习惯按其透明度的不同分为：基本不透明的普通青田石，和具有一定透明度的青田冻石两大类。后者在命名时，大多会在前者的基础上再加一个"冻"字。

青田石品种众多，有的似乎划分过于详细，并无实际意义，因此这里仅择其重要者简介如下。

1. 封门石

"封门"有的也写作"风门"，是青田石最著名的产区。所产之石以叶蜡石为主要成分，可以有许多不同的品种，并以一种具有像竹叶那样的绿色或苹果绿色的最为著名，称为"封门青"。该石质地细腻，大多均匀一色，半透明到微透明，明润如玉，也有的肌里隐现有白色或浅黄色的线纹。在众多青田石中，封门青是较贵重的品种，一般一方高 10 厘米的印章，标价常在 2 万 ~ 3 万。另外，该地还产有浅黄色的品种，称"封门

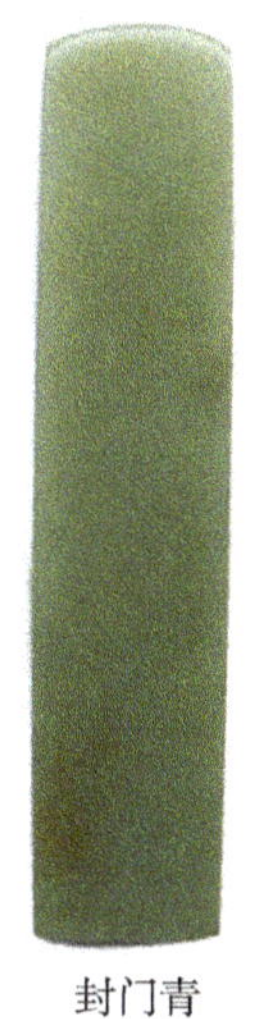

封门青　　　　封门红花

黄"；同时具有两色或两色以上的称"封门三彩"；具红色云斑或纹路的称"封门红花"，均属青田石中的优质品种。

一位诗人题诗赞青田封门冻石道："阅尽封门亿万春，修成正果赛黄金。女娲遗石今犹在，玉洁冰清似佳人"。

2. 灯光冻

灯光冻，又名"灯明石"。是青田石中最著名的品种之一。可来自封门和白垟等矿区。其中封门产的由叶蜡石组成，白垟产的由地开石和叶蜡石共同组成。元代书画家赵孟頫就曾率先选用灯光冻作为印石，开创了印石利用的先河。其透明度通常居青田诸石之首，为半透明到近于透明，光照下灿若灯辉，故名。色微黄或微青，质纯净细腻，温润柔和，质雅易刻，具蜡状光泽。被人推崇为青田石之极品，也有人认为"高出寿山诸石之上"，价胜黄金。产于山口封门、旦洪和方山白垟。近年时有产出，数量极少，且多为小块，难得大方。灯光冻中若包含有透明度相对较差略具褐黄色、云斑状或絮状石花者，称"冰花灯光冻"。

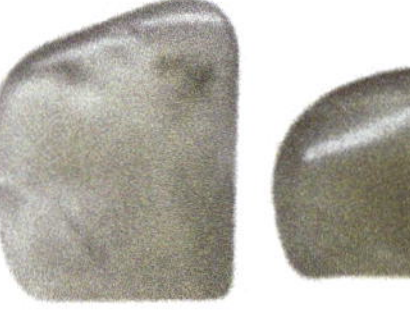

冰花灯光冻

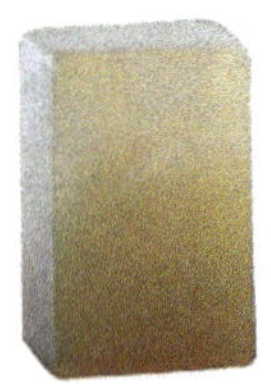
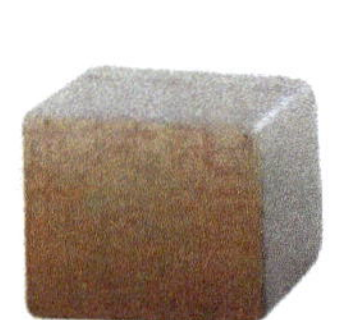

灯光冻（乾隆时期贡品）

3. 冰纹冻

青田冻石中含有冰裂纹般细脉者，称冰纹冻。冰纹冻常被误认为有裂伤（实为已愈合的"格"），故价值较低，但经火烧处理后，可使细脉变色，观赏性增加而增值。若经火烧处理后，

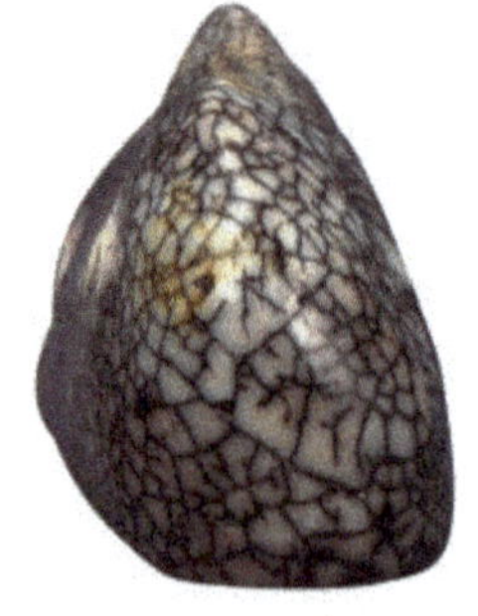

黑筋章

细脉中的铁因氧化变为红色者，称"红筋章"；若用火煨，细脉炭化变为黑色者，称"黑筋章"。

4. 黄金耀

黄金耀，为青田石中之最佳黄色石，黄色艳丽妩媚，质地纯净细洁，温润脆软，偶有稀疏浅色斑点，主要由叶蜡石构成，是青田石中的著名品种。据说在封门"老坑"岩壁上原有题诗一首："直岩下，横岩腰，十万两黄金耀，谁人开的黄金耀，千贯银债一时销。"无奈历来都无人能采得大块此等石料，偶获小块，则视同珍宝。近年，在南光洞也有少量出产。

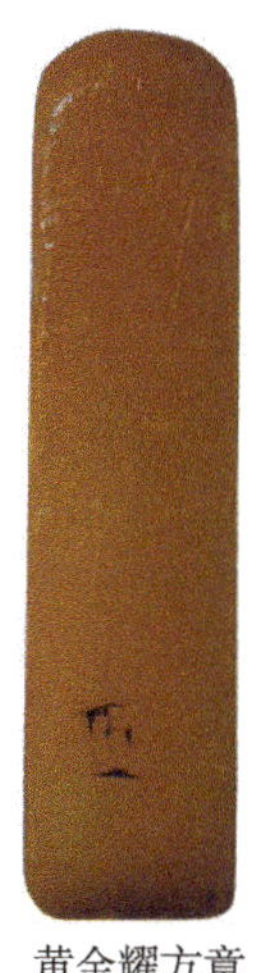

黄金耀方章

5. 龙蛋

龙蛋，俗称"岩卵"。以独立的蛋卵状赋存于暗紫色或深棕色的坚硬的火山岩（其原岩很可能是"火山弹"）中。小似蛋，大如瓜，外包紫棕色的硬壳，内蕴纯洁似玉、质地细腻的青田石，色或青或黄或多彩。即所谓"外包龙皮肉，中染女娲血，内育龙玉胎"。据说，一般印石蘸一次印泥可盖六七次印，但它却能连盖十几次（其原因应在于它的主要组成矿物是伊利石，而从伊利石的化学式可以发现它是一种比其他矿物含水更多的矿物），故被视为宝中之宝。古时曾闻名遐迩，后绝迹。近些年又在青田周村村外一座三角尖山上有所发现。龙蛋石中透明度较好的，称为"龙蛋冻"。

值得注意的是，市场上可见有人工仿制的龙蛋，关于这种假龙蛋的鉴别将在下文"青田石的作假与鉴定"中详述。

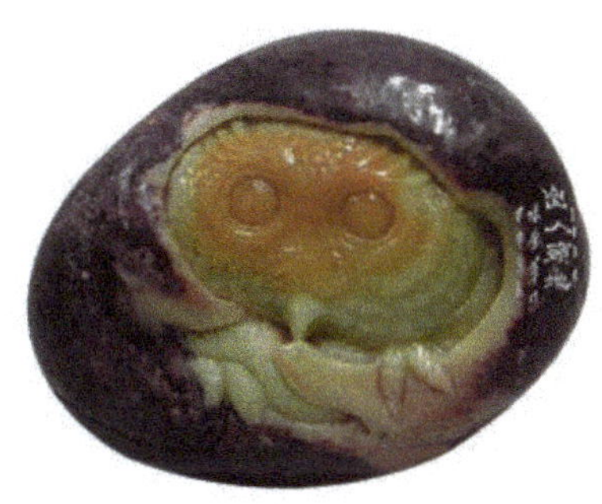

龙蛋《出人头地》

6. 蓝花星

蓝花星，也称"蓝星"。是一种点缀有浅蓝、蓝或蓝宝石蓝的星点状斑点或斑块的青田石品种，也有的同时伴生有乳白色或微黄色、浅粉色的星点。其底质通常为淡青色、淡青黄色或淡黄色，主要由叶蜡石和绢云母共同组成，微透明，质地细腻，硬度适中（指无蓝星分布处），十分美丽，具有很好的观赏价值，是青田石中独特的珍贵品种，其价格可与封门青等媲美。

据研究，蓝星主要由蓝线石构成，放大观察可见其具有放射状构造，但也有的是由刚玉（即蓝宝石）构成；而乳白色和浅粉色星点则是硬水铝石或红柱石。不管是蓝线石（硬度7），还是硬水铝石（硬度6~7）、红柱石（硬度7），都是高硬度矿物，而刚玉的硬度更高，达摩氏9级，所以含刚玉者被称之为"蓝钉"；若蓝色呈带状分布，称"蓝带"。毫无疑问，这些高硬度矿物的存在，对作为印石来说显然是不利的，但从欣赏角度来分析，它又是那么清丽和诱人，让人产生美的遐想，感受到大自然鬼斧神工的无穷魅力，因而广受人们的喜爱。不过在选择其作为印石时，还是应该选那些含量少、分布相对稀疏、仅具点缀意义者为好。那些含蓝钉多和蓝带者则主要适用于制作雕件、摆件。

蓝星、蓝钉和蓝带都主要来自山口封门一带。

与"蓝星"相似，在青黄色的微透明的由叶蜡石和绢云母共同组成的基质中，含有少量鲜红色斑点的品种，称为"红星"。它主要来自封门矿区，但产出明显少于蓝星。据研究，其红色星点主要由红柱石、硬水铝石等构成。

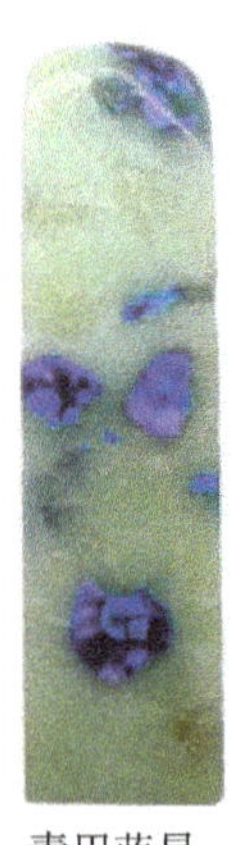

青田蓝星

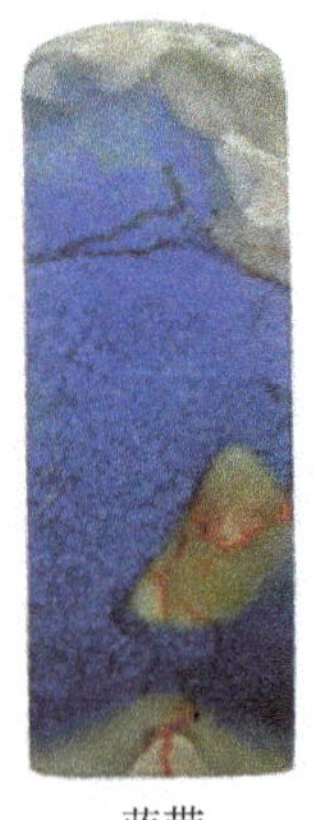

蓝带

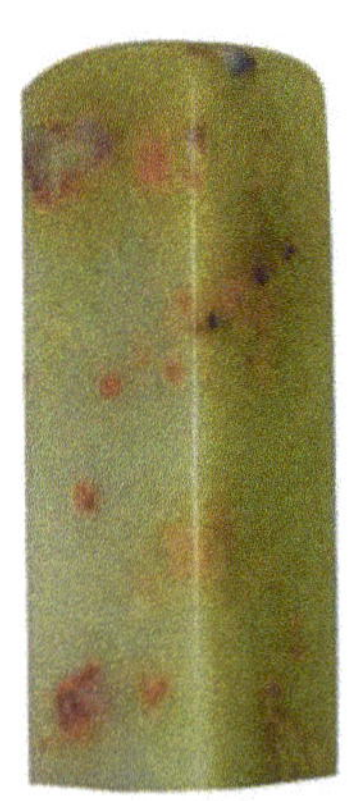

红星方章

7. 山炮绿

一种具浅绿、微蓝绿、绿到翠绿色的青田石品种。其主要组成矿物是含铬绢云母。绿色通常呈斑块状或宽带状分布，间或夹杂有黄褐色条纹（黄褐色条纹应是与黄铁矿氧化形成的褐铁矿污染的产物），还常有白色的麻点，有时还点缀有星点状或细小脉状的黄铁矿。一般为不透明或近于不透明，质较坚且脆，多裂纹，又常包含有杂质或硬砂块，故从石质而言相对较差，不是制作印石的好材料，但因其绿色，在各类印石中相对罕见，尤其翠绿似翡翠者，因此也深

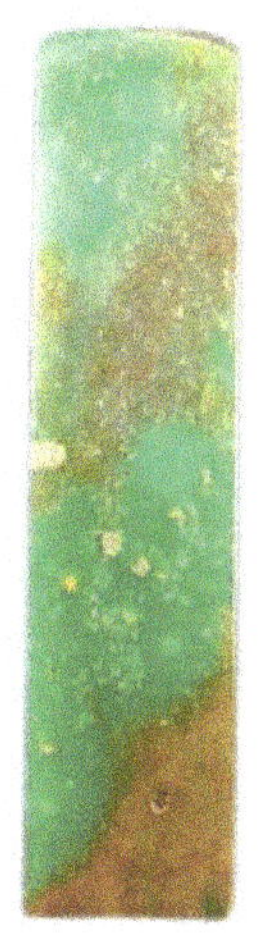
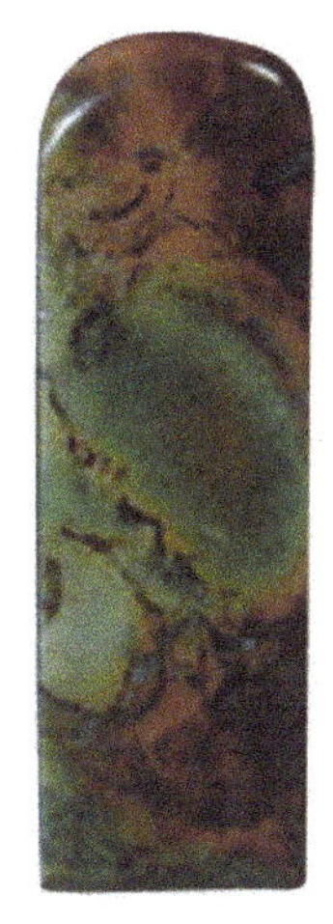

山炮绿　　　　　朱砂山炮绿

受人们喜爱，多用于制作雕件、摆件。山炮绿中带有大块红褐色斑纹者称"朱砂山炮绿"。它们都主要产于季山的山炮一带，故名。据说，现已基本绝产。

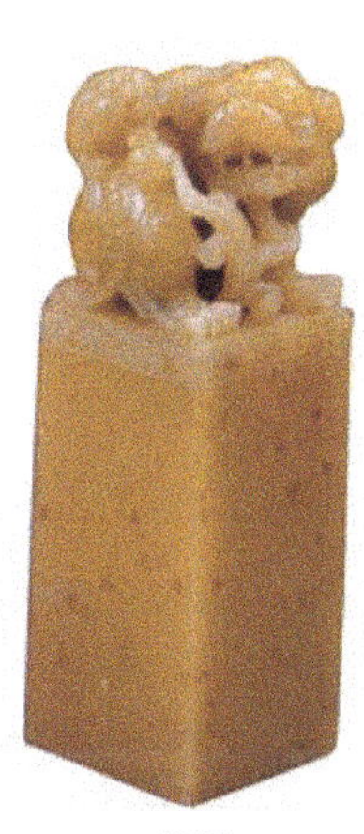

白果　　　　　黄果

8. 白果

一种具乳白、灰白或微带青黄的白色，色彩均匀，质地细腻、致密结实、不透明，极似煮熟的白果，故名。行刀脆爽，是上等的印材，其主要组成矿物为叶蜡石及少量伊利石，产于封门。

与白果近似，但以黄色调为主的称"黄果"。它一般呈浅褐黄色和橙黄色，较均匀，但在黄色基质中常含有微小的浅粉红色或红色斑点，且斑点

常略略突起，显示其具较高硬度，系由红柱石微晶构成。据研究，黄果的组成矿物与白果有异，主要由伊利石及少量叶蜡石构成，也产于封门。

9. 北山晶

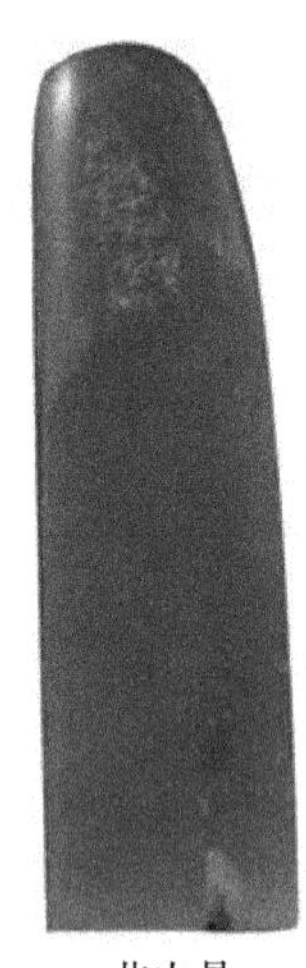

北山晶

北山晶，是青田石中罕见的以地开石为主要组成矿物的品种。因产于北山而得名。以具高透明度为特征，可与寿山水坑产的水晶石相若，质洁通灵、细腻，极具冰感，不易脆裂；色以淡青、淡青绿、浅绿、灰黄、灰黄绿、青白、灰白等色为主，并以通体一色无格无裂为贵；一般为透明到半透明，但也有微透明甚至不透明的。其中质地滋润晶莹、肌里较均匀，但局部可见有不规则片状、团块状褐色斑块（有的可能为蚀变围岩的残块）者，又被称为"岩门晶"。曾测得其折射率为 1.53 ~ 1.60，相对密度 2.65 ~ 2.90（偏大的密度，应是围岩残块的影响）。

10. 五彩冻

五彩冻，又名"五色青田"。系一种石性绚丽多彩，同时具有红、黄、绿、紫、白等多种色彩，且同一颜色又有层次变化，两色间往往有过渡色相隔的青田石。质地细润通灵，极易受刀，是雕琢俏色花卉、山水的佳品，系青田石珍品之一，产于山口。据说，现已绝产。

11. 金玉冻

金玉冻的颜色多以淡青为基调，质地细腻、柔和、温润明净，通灵光洁，仿如封门青，但局部有浅橙黄或浅褐黄，其与淡青色基质之间无明晰的界线，两色对比柔和，色间过渡自然，是青田佳石之一。产于山口。

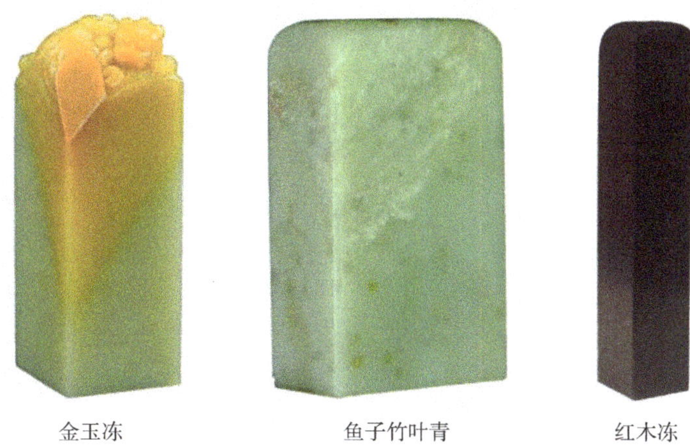

金玉冻　　　　　　　　鱼子竹叶青　　　　　　　　红木冻

12. 竹叶青

竹叶青，又名竹叶冻。产于周村。质地温润细洁，色青泛绿，通灵明净，青绿色基质，细腻温润，多微透明，一般不含任何纹理和杂质，不易脆裂，主要组成矿物为伊利石。也有的肌理常蕴有细小的浅褐色斑点及透明度稍差的斑纹，称"鱼子竹叶青"。

13. 红木冻

红木冻，外观酷似红木，故名。质细润，光泽好，有的夹生青白色或淡黄色的条状或斑状冻石，色调典雅，产出稀少，故甚为珍贵。产于季山。

另外，周村也产有类似红木的品种，称"周村红木"。但与季山红木冻相比，它含有微粒石英，有砂感，也时见星散分布的黄铁矿，故品质相对较差。

14. 朱砂红

一种以具有大红、橘红、褐红为特征的品种，因此也被称"青田鸡血石"或"朱砂青田"。但它的红

朱砂红

色不是来自辰砂，而主要来自铁质。另外，又因其常杂有其他颜色的色块、色斑或花纹，而成斑杂状。有的质地温润细洁，通灵明净，但十分少见；有的透明度较差，质也较粗。主要来自封门、旦洪和季山。

15. 黄白冻

黄白冻，质纯洁无瑕，黄似田黄，白如封门，黄、白冻石常伴生，色间过渡自然，难得大块。产于塘古。

16. 豌豆冻

豌豆冻，底色为暗褐色、赭褐色或黑色，呈网纹状分布；有些网纹中点缀有黄铁矿星点构成的金属砂钉。网孔则分布有大小、形状不尽相同的乳白色的"冻"质地云斑，恍如散乱分布的颗颗豆粒，故名。若云斑较大，又称"葡萄冻"（在地质学中称"变余糜棱构造"。云斑原为破碎的角砾，后受后期变质作用的影响，致边角模糊化）。此类品种主要产自季山。

17. 紫檀冻

紫檀冻，一般为紫檀色，质地细腻，不透明，易受刀。料中夹杂淡青或浅黄色囊状、层状冻石。常可采得大块料石，是雕刻花卉的理想石材。产于封门、山口一带。同一产地的"紫檀花"和紫檀冻外观相似，但夹杂的浅色石料则非冻石，且常分布有黑紫色斑纹，石质一般，不细腻，有砂感和铁染现象，两者极易区别。

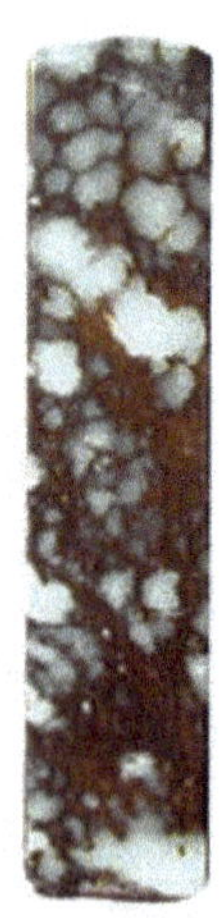
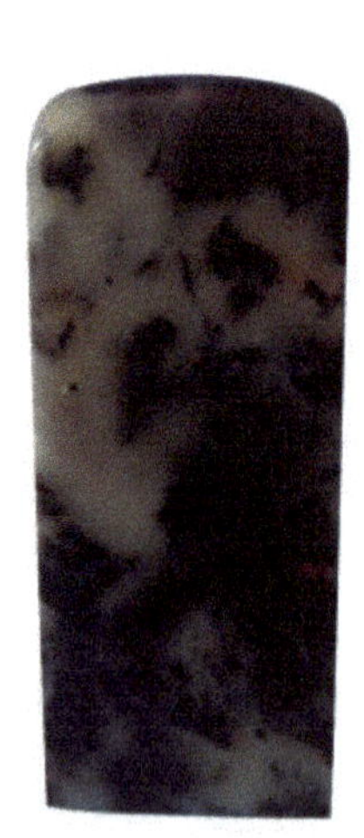

豌豆冻　　　　紫檀冻

18. 黑青田

黑青田，色为正黑，色泽明亮，质纯而细润，但不透明，常夹杂其他颜色微透明的冻石，界线分明，是制印、雕件的优质石料。艺人常巧用俏色，作品别具情趣。产于山口、塘古。另外，也有一种产于封门，以黑色为主的也称"封门黑"，但品质相对较差，时见有微小的片状黄铁矿，且基质也不够细腻，有砂感，呈不透明状。还有一种被称为"麦青"者，色青灰、绿灰或黑灰色，近似黑青田，质也较粗。

19. 水草花

水草花，以石中含有水草一般的花纹（地质学中称为"模树石"，是含铁锰质气液沿裂隙沉析的产物）而名。底质可有红、黄、白等色，以红冻地为最佳。主要产于山口。

20. 夹板冻

夹板冻，简称"夹板"。冻石呈层状夹杂于普通青田石或熔结凝灰岩中，层次分明，似夹心饼干，故名。冻石和夹板因产地不同，颜色各异。冻石厚度不等，多者数层。夹板越硬，冻石越佳，是青田石雕优质原料，但用作方章，则价格不高，一般在百元左右。产于山口、方山、季山、塘古等地。

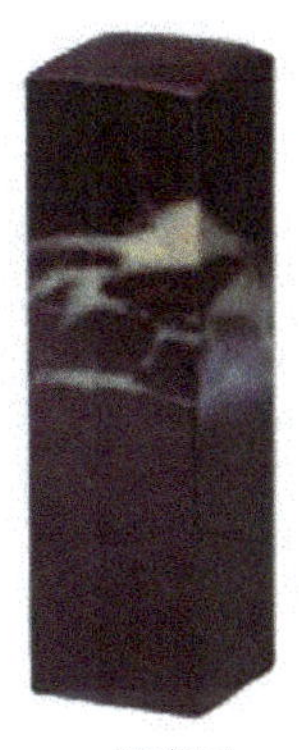

黑青田

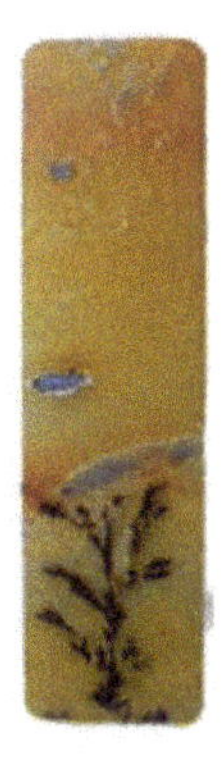

红花水草

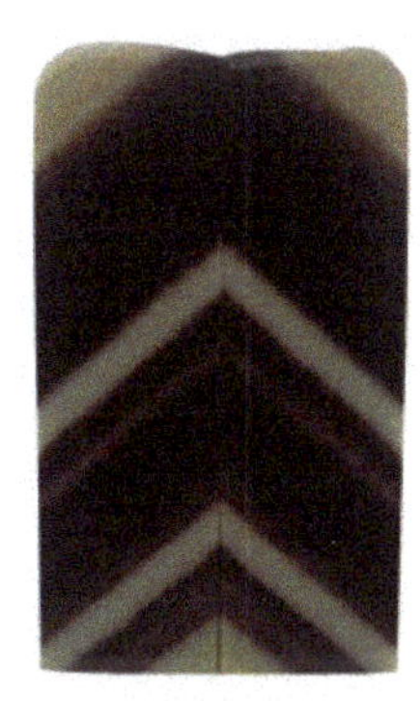

夹板冻对章

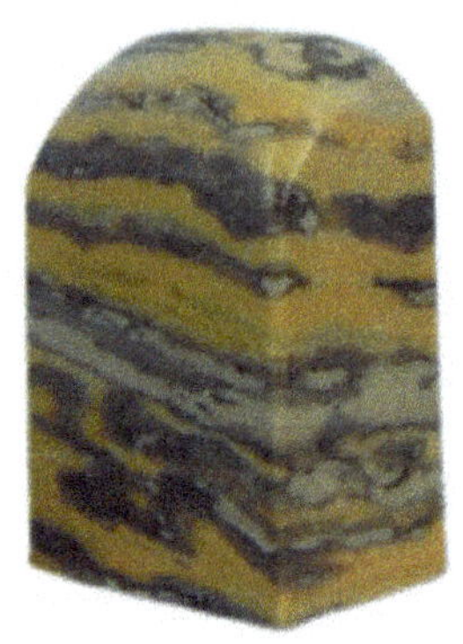

虎斑

21. 千层纹

千层纹，可有灰白、浅褐、红褐、褐黄等不同色调的体色，并以具有深浅不同的颜色呈层状相间为特征，色层厚薄不等，界线分明；若层纹很细，密集平行排列，又称"千丝纹"。此类品种与夹板冻的主要区别在于不含冻石夹层。一般石质细腻，结实少裂，适于奏刀，主要由叶蜡石构成。但也有的含石英微粒，石质较粗，有砂感，有的还有铁染。产于山口一带。若色层为黑黄相间，又称"虎斑"。

22. 米稀青田

米稀青田，俗名米碎花。在深黄、淡褐、灰黑等色的石体中，布满细碎的不规则白点、白絮或白云斑（这里所说的白，不一定是白色，只是相对于基底色浅而已）。这些白点、白絮的分布常略具方向性。石质一般。产于山口一带。

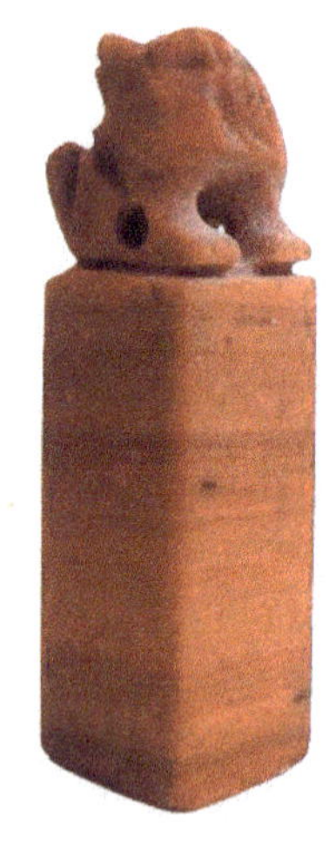

红千层纹

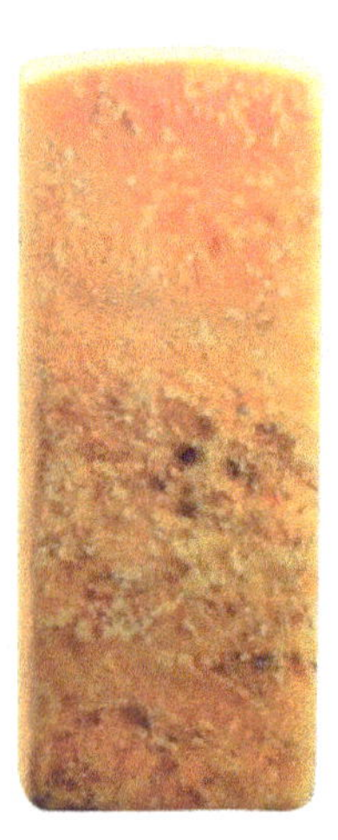

黄米稀青田

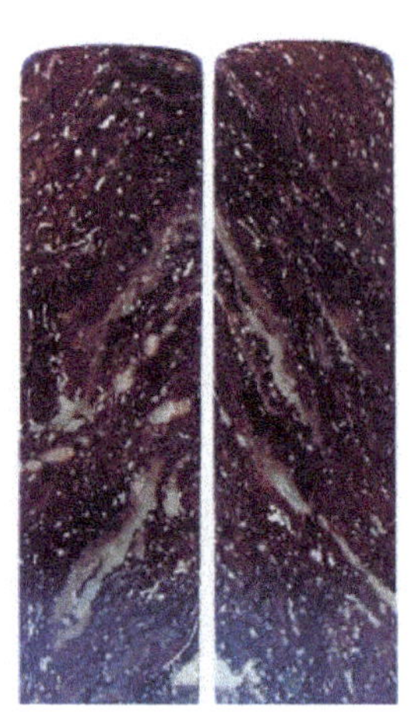

黑米稀青田

除上述各品种外，青田石还有许多其他品种，限于篇幅，这里不再作——介绍。最后，笔者引用中国地质大学珠宝学院朱选民先生对若干品种的青田石所作的研究结果如下表，供读者参考。

青田石品种的特征

品　种	产　地	外观特征	透明度	相对密度	矿物组成
灯光冻	封门等	灯辉色基质呈冻状，蜡状光泽，质地细腻温润	微透明	2.84	叶蜡石
黄金耀	封门	金黄色基质，质地细腻	微透明		叶蜡石
封门青	封门	淡青黄色基质，质地较细腻，隐约可见白色纹理	微透明	2.79	叶蜡石
酱油冻	封门	酱油色的色层分布于青色基质中，有铁染现象	不透明	2.83	叶蜡石
松皮冻	封门、山口一带	青黄色基质中分布有灰色、黄色纹理，质地细腻温润，呈冻状，有铁染现象	微透明	2.84	叶蜡石
朱砂青田	封门、旦洪、禁猪洪	红色基质，不细腻，有砂感和铁染现象	不透明	2.89	叶蜡石＋少量黄铁矿
封门黑	封门	黑色基质中分布有微小的片状黄铁矿，基质不细腻，有砂感	不透明	3.01	叶蜡石＋少量黄铁矿
紫罗兰	封门	粉紫色斑点密集分布于淡黄色基质中	微透明	2.85	叶蜡石＋叶绿泥石＋绢云母＋蓝线石
蓝钉	封门、山口一带	淡青黄色基质中分布有不规则团块状蓝色微晶刚玉集合体	微透明	2.93	叶蜡石＋绢云母＋刚玉＋硬水铝石

（续表）

品 种	产 地	外观特征	透明度	相对密度	矿物组成
蓝星	封门、山口一带	淡青黄色基质中分布有深蓝色斑点和较多粉色与玫瑰色斑点	微透明	2.84	叶蜡石＋绢云母＋蓝线石＋硬水铝石＋红柱石
蓝带	封门、山口一带	青白色基质中分布有呈带状或片状的蓝色带，质地不细腻，有砂感	不透明	3.06	叶蜡石＋刚玉＋硬水铝石
封门红星	封门	黄色基质中含有少量鲜红色斑点，有铁染现象	微透明	2.84	叶蜡石＋绢云母＋红柱石
黄冻	封门	黄色基质中含有蓝色团块状微晶刚玉和微小的红色斑点，青色与黄色纹理交错	微透明	2.86	叶蜡石＋刚玉＋蓝晶石＋红柱石
鱼子	封门等	黄色基质中含有土黄色斑点，较易脆裂	不透明	2.78	伊利石＋叶蜡石＋叶绿泥石＋红柱石
鱼冻	封门等	黄色基质中含有紫罗兰色斑点，较易脆裂	不透明	2.80	伊利石＋叶蜡石＋蓝线石
封门黄	封门	黄色基质中含有团块状白色斑点和紫罗兰色斑点，易脆裂	不透明	2.76	伊利石＋叶蜡石＋叶绿泥石＋蓝线石
黄果	封门	黄色基质中含有微小的无色斑点，斑点突起较高，光泽强	不透明	2.85	伊利石＋少量叶蜡石＋红柱石
白果	封门	青白色基质，较细腻，易脆裂	不透明	2.76	叶蜡石＋极少量伊利石
封门雨花	封门	白色基质中分布有脸谱状紫红色和黑色条纹，质地不细腻，有砂感和铁染现象	不透明	2.67	叶蜡石＋石英

（续表）

品　种	产　地	外观特征	透明度	相对密度	矿物组成
封门三彩	封门	红、白、灰或黑、褐红黄、蓝呈带状分布于基质中，质地不细腻，有砂感和铁染现象	不透明	2.81 ~ 2.88	叶蜡石 + 石英
紫檀花	封门、山口一带	青白色基质中分布有黑紫色色斑纹，基质不细腻，有砂感和铁染现象	不透明	2.73	叶蜡石 + 石英
红花青田	旦洪	青白色基质中密集分布有血丝状红色，质地不细腻，有砂感和铁染现象	不透明	2.76	叶蜡石 + 石英
美人红	旦洪	青黄色基质中分布有鲜红色斑纹，质地细腻，呈冻状，有铁染现象	微透明	2.81	叶蜡石
橘红	尧土南光洞、封门	青黄色基质中分布有大片红色，过渡模糊，质地较细腻，有铁染现象	微透明	2.82	叶蜡石 + 绢云母
石榴黄	尧土南光洞、封门	淡黄色基质含有白色斑点和蓝色纹理	不透明	2.91	叶蜡石 + 绢云母
千丝纹	尧土、老鼠坪	紫红色与白色相间条纹密集平行排列，质地不细腻，有砂感和铁染现象	不透明	2.82	叶蜡石 + 石英
石榴红	尧土南光洞、封门	浅红色基质，不细腻，有铁染现象	不透明	2.85	叶蜡石
芝麻花	尧土	斑点状围岩中分布有深蓝色亚金刚光泽的刚玉晶体	不透明		叶蜡石 + 高岭石 + 叶绿泥石 + 红柱石 + 刚玉 + 硬水铝石
冰花冻	白垟	月光色基质呈半透明状，细腻温润，含有褐黄色絮状物，不易脆裂	半透明	2.61	地开石 + 叶蜡石

（续表）

品　种	产　地	外观特征	透明度	相对密度	矿物组成
芥菜绿	白垟	黄绿色基质，细腻温润，不易脆裂	不透明	2.98	地开石＋叶蜡石＋叶绿泥石
青白石	塘古、山口一带	青黄色基质，细腻，含有少量肉红色斑点	微透明	2.84	叶蜡石＋少量绢云母
塘古白冻	塘古	青黄色冻石较细腻，围岩为烟灰色	微透明	2.87	叶蜡石＋绢云母（冻石部分）
竹叶青	周村	青绿色基质，微透明，细腻不易脆裂，不含任何纹理和杂质	微透明	2,83	伊利石
龙蛋	周村	紫红色围岩中含淡青黄色冻石，冻石较易脆裂	不透明	2.78	伊利石＋叶蜡石（冻石部分），石英＋叶蜡石＋伊利石（围岩部分）
周村红木	周村	紫红色基质中分布有少量黄铁矿，不细腻，有砂感	不透明	2.85	叶蜡石＋石英＋黄铁矿
紫檀花冻	周村	紫红色围岩中含有青白色冻石，呈块状分布，有铁染现象	微透明	2.78	叶蜡石＋叶绿泥石＋地开石
山炮绿 A	山炮	浅绿色基质上分布有褐黄色外皮，质地较细腻，有铁染现象	不透明	2.71	绢云母
山炮绿 B	山炮	浅绿色基质上分布有大量的点状黄铁矿，质地不细腻	不透明		绢云母＋黄铁矿
北山晶	北山	青白色基质，较细腻，不易脆裂	不透明	2.60	地开石

注：摘引自朱选民《青田石品种的分类及其鉴别特征研究》。

（五）青田石的作假与鉴定

青田石的作伪处理，主要是针对少数的珍贵品种，如封门青、龙蛋、蓝花星等。现简介如下。

1. 模压法

模压法，已知用于仿制封门青和龙蛋。

（1）仿封门青章料

方法是把较优质的青田石边角料磨成粉末，必要时还要添加染色剂，再与树脂等黏结剂拌匀，然后用模具压制成形。此种仿制品，外观色彩纯净，无裂纹，无杂质，微透明，酷似真品，十分诱人。有的还做成较大的方料，仿若罕见的珍品。

要识别这种仿品，当然最有效的是采用现代的科学测试手段。如在显微镜下，会看到石粉胶结的颗粒状结构，而真品具隐晶质结构，显微镜下是看不到颗粒的；测试它的相对密度，会发现它不落在正常青田石的相对密度区间（2.65 ~ 2.90），大多会偏重一些（因仿品常嵌有铁条，以增加它的重量和刚性）；用荧光灯进行检查，会发现它有淡淡的荧光，而真品则无荧光；若用红外光谱进行检查，则会发现它有树脂引起的额外的吸收峰。若能刮取少许粉末，用火

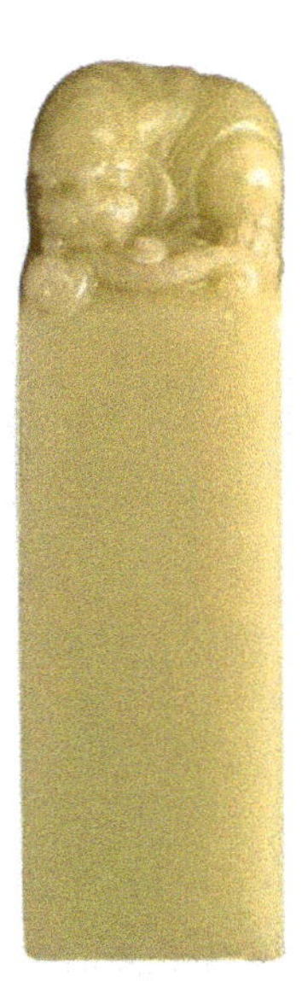

封门黄

试，会嗅到类似塑料燃烧的气味，并可见粉末因碳化而变黑。如果没有这些手段，也可以用土办法，即所谓"一摸二听三看四试"。一摸，真品感觉冰凉，仿品则较温暖；二听，用手指弹，真品石音沉闷，仿品较清脆；三看，对着强光，真品边缘有透明感，至厚实处影调变化自然，仿品体内埋有铁条，在强光下隐约可见；四试，刀刻，真品奏刀顺畅，刀下为白色粉末，仿品刀下有黏滞感，刀下是卷曲的细丝。

（2）仿龙蛋

有两种。一种是完全的模压制品，方法是把现有的真龙蛋制品，依样翻成模具以备用。然后把石粉、颜料和树脂黏结剂分别调配成紫棕色和青色的充填料，再将它们各自灌入模具中的不同部位，接着进行加压、震动、翻模等工序，形成有深色"蛋壳"和青色物相的"雕制品"。另一种"蛋"芯是天然的整块石料，仅用模压法给它配个外壳，成形后再进行雕琢。

这两种仿制品，粗看都很难与真品区分。但仔细鉴定还是可以发现它们的破绽。尤其是完全的模压制品，因是翻模制作而成，因此在机会凑巧的情况下，会发现有两件或更多件完全一样的相同作品。这种情况在真品中是无论如何不会出现的。此外，若用荧光灯检查外壳，因为两种都有树脂胶结剂的存在，会看到它们发出的淡淡的荧光；还可以用火试，真品不怕火烧，仿品含有树脂，见火会冒出白烟，同时会散发出一股难闻的气味。"蛋"芯的检查，一是可以用放大镜仔细观察（显微镜因样品太大，无法放入镜下），完全模压的一般会看到石粉胶结的颗粒状结构，天然石料则没有；二是可以在隐蔽处用小刀试划，模制的会感觉刀下有黏滞感，刻下来的是卷曲的细丝。

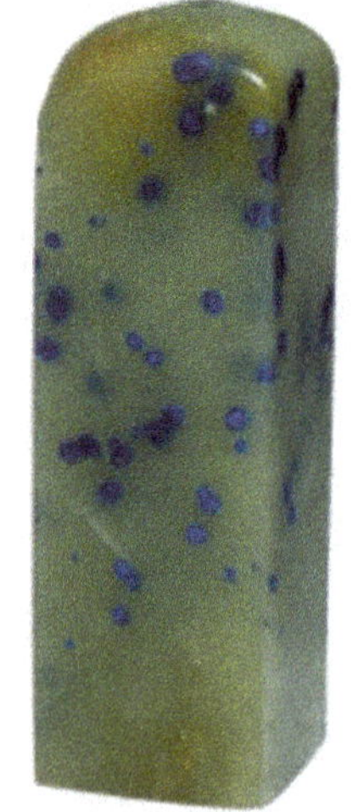

蓝星

2. 嵌补法

嵌补法，已知用于蓝花星的作伪。方法是选择底质与蓝花星相近的石料，或一些星点十分稀少的真蓝花星石料，然后在它们上面随机地钻一些小孔，接着把预先用树胶和蓝色颜料调制好的备料，填塞于小孔中，待干燥后打光上蜡，即成。

这种仿品外观蓝星鲜密，质地也不错，但用放大镜仔细检查，会发现蓝星过圆，看不到天然蓝星的放射状构造；另外，蓝星还几乎都浮于表面，没有层次感，不像真品可以看到肌里有隐藏在内部的蓝星。注意，荧光灯不能用于这种检查，因为天然的蓝星由蓝线石构成，蓝线石也会发荧光，较难与树脂的荧光区分。

3. 拼贴法

拼贴法，已知用于仿封门青。方法是把真封门青切成薄片，然后将其拼贴于普通石章的四周和顶底两端，即成。

这种仿品，粗看浑然一体，表面又都是真封门青，不知者很难辨其真伪，具很强的欺骗性。要识别它们应着重检查各个边棱，在放大镜（如可能用显微镜更好）下大多能发现有拼贴缝的存在。若还有怀疑，可用热针试验可疑的拼缝，如确系拼贴，则黏结剂在热针下会熔融、冒烟。

4. 修补法

修补处理可用于各种青田石，尤其是在青田石雕上更为多见。

青田石硬度较低，极易受刀，在制作青田石雕时，稍有不慎，就可能进刀过头，把不应去掉的部分无意中被剔除；尤其是精雕细琢的一些十分纤细的部位，更容易在无意中被损坏。为了弥补这些缺陷，一些人会用胶拌和色剂配成与缺损部位相似的颜色，然后填补在缺损处，再修饰成与周围协调一致的图案。

这种处理由于多是在个别的、局部不大的部位，所以一般用肉眼很难发现其踪迹。但用荧光灯进行检查，会发现修补处发出荧光。另外，用放大镜仔细检查，有荧光处常可看到有细小的圆形的气泡存在。天然者是绝对不会有气泡存在的。

除青田石雕外，一些具开放性裂隙的方章也常会采用此法来修补，用于掩盖裂隙，增加它的牢固度，防止彻底开裂。同样在荧光灯下，可以很容易看到有脉状的荧光及荧光处有若干细小的气泡沿细脉散布。

5. 人造印章

这是用塑料或塑料加石粉来仿造的印石。通常仿造的是封门青、灯光冻、黄金耀等名贵的品种。

鉴别这种仿制品比较容易，因为它们在物理化学性质上与真品差别较大。如手掂，会感觉它显著偏轻；若测其相对密度，会发现它们都很小，一般介于 1.05 ～ 1.55，即使加有石粉，使相对密度增大，但与青田石的正常相对密度 2.65 ～ 2.90 相比，相差明显；在荧光灯下它们会整体发出较清晰的荧光；它们的透明度会相对好一些；刀刻试验，会感觉进刀黏滞，刀下刻出来的不是石粉，而是卷曲的细丝；刮取粉末作火试，会嗅到难闻的气味，甚至可看到燃烧的微微的火焰。

（六）青田石的收藏要点

在结束关于青田石的介绍之前，让我们简要地归纳一下收藏青田石要注意的几个问题。

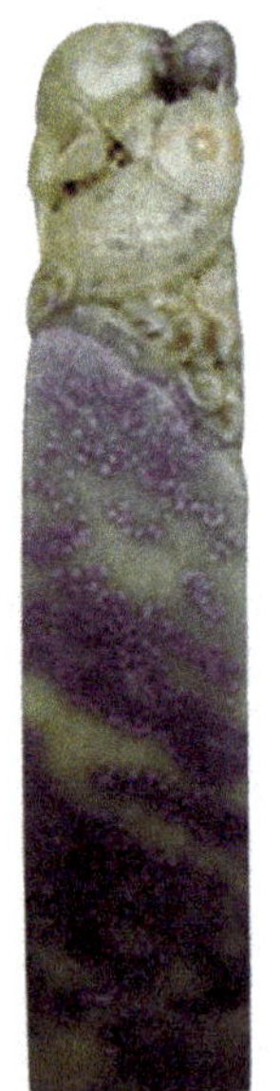

紫罗蓝（系蓝星的变种）

1. 与寿山石的比较

这里不妨对青田石和寿山石作一简要的比较。

从矿物组成看，大多数青田石由叶蜡石构成，而大多数寿山石由地开石构成。物质组成的这一差异，决定了从总体角度看来，寿山石优于青田石。虽然青田石中也有一些不亚于寿山石的优良品种，但毕竟这样的品种不多。

从岩石结构看，青田石的结晶颗粒大多稍大，为微晶质，并呈略具定向排列的鳞片结构，所以其石质大多相对粗疏，破裂后的断口稍感粗糙。而寿山石的结晶颗粒大多细小，为隐晶质的致密结构，故大多石质细腻，破裂后的断口似光滑的贝壳。此外，有些寿山石可见有"萝卜纹",而青田石从未发现"萝卜纹"。

从物理化学性质看，青田石硬度较小，一般介于 2 ～ 2.5，因此它易被指甲等硬物划伤；寿山石的硬度稍大一些，一般介于2.5 ～ 3，不会被指甲划伤。就密度而言，青田石稍大（2.65 ～ 2.90），寿山石略小（2.57 ～ 2.84）。透明度方面，总的说来青田石的透明度要差一些，虽然它也有不少冻地和灯光冻、北山晶那样的高透明度品种，但毕竟不如寿山石有更多的"晶"质地和"冻"质地品种。

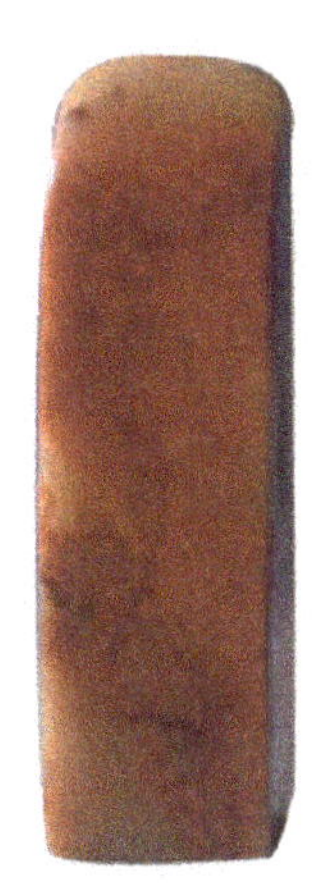

封门红花石

从品种的角度看，双方都各自有上百个品种，但寿山石有山坑石、水坑石、掘性石和田石之分，青田石则全属山坑料。另外，这些各种各样的品种，虽然在石性上也有或多或少的差异，但大多主要是石色和呈像上的不同，实质上区别有限。对于那些非特殊品种的普通寿山石和青田石来说，若不作仔细鉴别，常不易区分哪个是寿山石，哪个是青田石。当然，也有一些例外，如青田石中的蓝花星、山炮绿、龙蛋等。它们都只见于青田石中，是独此一家，别无分店的。

2. 品种价格悬殊

应该知道，在青田石上百个不尽相同的品种中，良莠差别很大。若从经济价值而言，一块同样大小的青田石，有的价格可高达几万，但也有的仅区区几十元。但总的说来，身价高的青田石不如寿山石那么多，主要是封门青、灯光冻、蓝花星、黄金耀、龙蛋等不多的几个品种。

3. 当心假冒伪劣

从前面的介绍中已经知道，那些身价较高的青田石品种，在当代市场上不乏有这样那样的仿制品。虽然它们的鉴别要比假田黄的鉴别相对容易一些，但由于它们的仿真程度很高，对于许多普通爱好者来说仍然很难识别它们的真伪。因此为了不致上当受骗，遭受无谓的损失，你在决定收购某块优质青田石时，必须慎之又慎，不要受它看似优质的外观所蒙蔽，也不要过于轻信自己的经验和眼光，最好还是请专业机构应用必要的仪器对其进行鉴定，以确保无误。

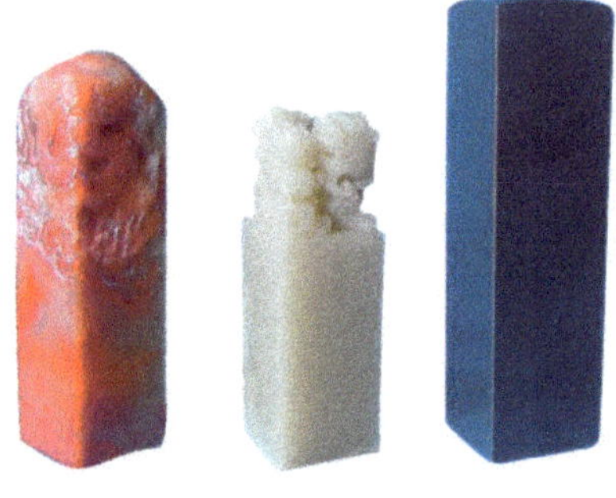

从左到右：封门红花、白果、黑青田

4. 关于青田石雕

大多数普通青田石价值不高，用它们做成的方章一般只有十几元、几十元，而且长期来升值的幅度十分有限，有的几乎可以说是原地踏步。对于这种青田石，当地人民大多把其制成各种青田石雕，以提高它们的身价。这时候，它们的收藏价值，就更多的是着重于对此类作品的工艺美术价值的评价上。换言之，在评估某一件此类青田石雕的价值时，石质的优劣所占的份量是十分有限的，有的甚至可以忽略不计，重点则在于作品的艺术价值上，在于它的做工是否精细、构思是否巧妙、布局是否合理、意境是否深远，同时还在于作者的声望、制作的时代背景等艺术和人文因素。

5. 青田石的收藏与保养

青田石虽然在矿物组成上与寿山石有异，但叶蜡石也仍然是属于含水层状硅酸盐的一种，高温和长时间的干燥环境同样会促使它失水，进而引起开裂、光泽减弱，不再那么滋润。加上它硬度较低，易受硬物的擦伤。为了防止这种现象的出现，一般可在其表面涂油或上蜡加以保护，然后将其置于盒中保存。如果一定要拿出来展示，则应尽可能避免阳光或强光的照射，而且过一段时间后应将其浸泡于水中，让丢失的水分得到适当的回补。

三、昌化石

昌化石是我国另一种著名的印石，因产于浙江昌化而得名。

据史料记载，昌化石的开发利用大概始于元末，兴于明代，盛于清代的乾隆以来。尤其是1972 年，日本首相田中角荣访问中国，带回了周恩来总理赠送的鸡血石印章，引起了日本人的极大兴趣，并迅速波及东南亚各地，从而把人们对鸡血石的追逐推向了一个新的高潮。在开发早期，采石者只是笼统地按颜色的不同，将昌化石区分为乌玉石、白玉石、黄玉石、花玉石、红玉石（即鸡血石）几大类。由于长期来人们对鸡血石格外偏爱，致使鸡血石名声远播，誉满天下，以至人们谈起昌化石，往往就是着眼于它的鸡血石。现在我们通常把昌化石分为两大类，即昌化鸡血石和普通昌化石。

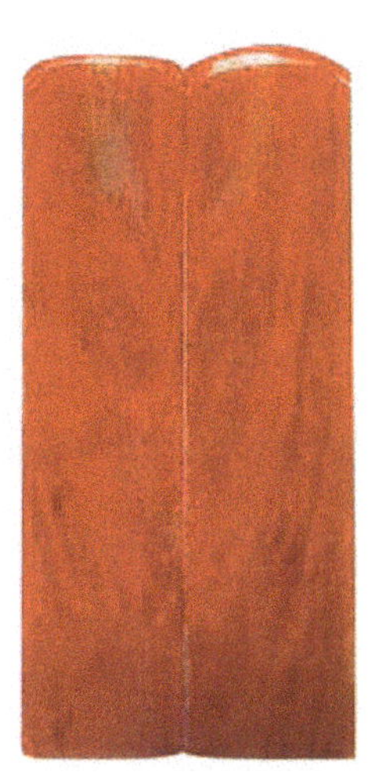

昌化大红袍鸡血石

（一）昌化鸡血石的发现和由来

昌化鸡血石产于浙江省临安市昌化区上溪乡一带。这里是浙、皖交界的西天目山的南延部分，为仙霞岭山脉的北支，旧称十二都康山岭。鸡血石主要产于隶属康山岭的浙西大峡谷源头——海拔 1 300 余米的玉岩山。玉岩山康岭一带，原属昌化县昌化区，1960 年并入临安县，1996 年临安撤县设为市。周围群山环抱，峻岭绵延，高山峡谷形成了独特的气候条件。当地民谣说：板桥直垄通，风雨不断踪。夏天盖棉被，十月雪花飘。

矿山走势自上溪乡西北角的鸡冠岩开始，向东北延伸，经灰石岭、康山岭、核桃岭、纤岭等山岭，约 10 千米。主矿区在玉岩山北坡，离南侧的上溪乡政府约 2 千米，离北侧的新桥乡政府约 5 千米，离临安市政府驻地锦城镇 100 多千米。

关于鸡血石的成因，已知它是早期形成的以火山凝灰岩为主的火山喷出岩，在后期的热水溶液的作用下，率先转化为以地开石、高岭石等为主要组成的变质岩，形成了今天所看到的各种普通昌化石。在这之后，又有含汞热水溶液的活动，并沉淀析出硫化汞（即辰砂），形成为鸡血石。不过，由于含汞热水溶液活动范围与早先形成的普通昌化石不是完全重合，所以由此而形成的鸡血石的"地"质就有了不同的类型，既有与普通昌化石质地相同的所谓"冻地"和"软地"鸡血石，也有具其他"地"质的"刚地"和"硬地"鸡血石。又据研究，昌化鸡血石形成于距今约 1.4 亿年前的侏罗纪时期。

（二）昌化鸡血石的基本特征

鸡血石，从其物质组成看是一种主要由呈隐晶或微晶质的地开石组成的岩石。在整块岩石中，地开石的含量通常可达到 85% ~ 95%；此外，还含有呈微晶粒状或鳞片状的辰砂 [HgS]5% ~ 15%。在某些样品中还含有不定量的高岭石和珍珠陶土（前面已经说过高岭石、珍珠陶土和地开石具有相同的化学组成 $[Al_4(Si_4O_{10})(OH)_8]$，但晶体结构稍有差别）、叶蜡石 $[Al_2(Si_4O_{10})(OH)_2]$、硬水铝石 $[AlO(OH)]$、明矾

石 $[KAl_3(SO_4)_2(OH)_6]$、石英（SiO_2）、黄铁矿（FeS_2）、褐铁矿（$Fe_2O_3 \cdot nH_2O$）、辉锑矿（Sb_2S_3）等。除此之外，有些鸡血石（主要是那些所谓的"刚地"和"硬地"鸡血石）会含有来自围岩的凝灰质岩的碎屑或角砾。

人们通常把鸡血石的物质组成分为两大部分："血"和"地"。"血"由呈隐晶或微晶质的辰砂构成。辰砂微晶的聚集密度愈大，"血"色也愈浓郁，反之则趋淡。研究还发现，"血"色的鲜艳度与辰砂的杂质含量有一定关系；一般情况下，阳离子杂质含量对"血"色的影响不大，而阴离子中硒的含量对"血"色会有较大影响，硒多"血"色从鲜红色趋向深红色，再多则变为暗红色。除"血"以外的其他部分通称为"地"。根据"地"的物质组成的不同，可将其分为四类：

（1）基本上全由地开石等含水层状硅酸盐组成，并具有较好透明度的称"冻地"。

（2）仍基本上由与"冻地"相似的物质组成，但"地"近于不透明的，称"软地"。

（3）除地开石等外还含有一定量明矾石及微晶粒状的石英等硬矿物者，称"刚地"。

（4）若"地"主要由凝灰质岩或其他火山岩的残块构成，称"硬地"。

从化学成分看，鸡血石的主要组成元素是硅、铝和氢、氧；次要元素有汞和硫，以及更少量的钙、镁、钾、钠、铁、锰、钛和极微量的锌、铅、铜、锑、磷、碲、硒等。

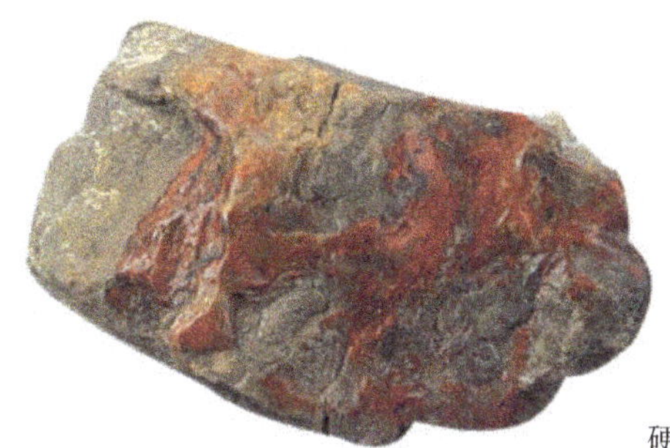

硬地鸡血石

　　在岩石结构上，鸡血石一般为隐晶质的粒状结构，间或有微晶的鳞片状结构和微晶的纤维状结构。

　　在岩石构造上，鸡血石的"地"，一般呈致密块状构造，或斑杂状构造、纹带状构造、残斑状构造，也常见变余角砾状构造。而"血"则常见呈脉状、条带状、云斑状、星点状、团块状、云雾状散布于"地"之中。

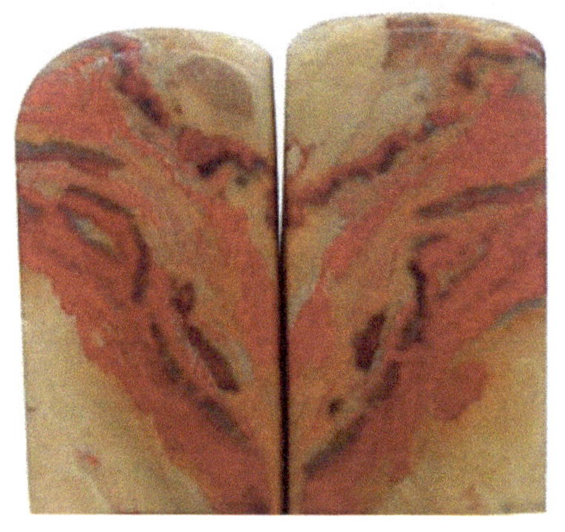

呈条带状的血

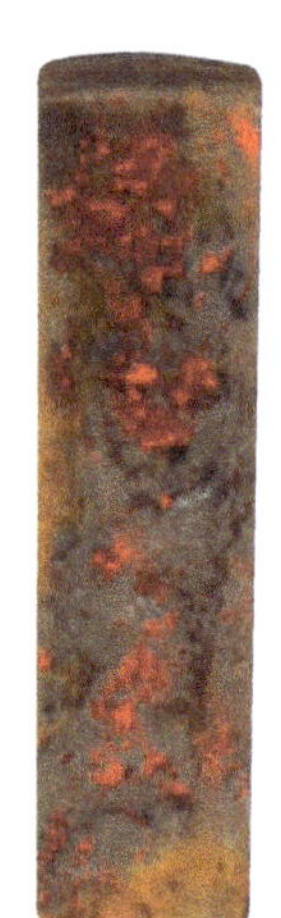

呈星点状的血

　　鸡血石的颜色一般可分别从"地"和"血"两个角度来予以评说。在"地"的颜色中昌化鸡血石相对比较单一，并以褐黄、灰黄、土黄、黄绿、褐、暗褐、黑、灰黑、灰、浅灰、灰白、乳白等为主。"血"的颜色，总的说来都是红色，但红色可有深浅、明暗的变化，因此有艳红、大红、暗红、浅红、桃红等的区别。

　　值得注意的是，鸡血石的血色通常会随着曝光时间的增加而逐渐变暗，直至呈铅灰色，称为"走血"。产地或产坑不同的鸡血石，走血的程度也不完全相同，有的很容易走血，有的能保持较长时间不走血。鸡血石为什么会走血，这是一个至今尚未完全弄清楚的问题。有人认为可能与辰砂中所含的碲、硒元素有关，因为曾经发现含碲、硒相对较高的鸡血石似乎更易"走血"。还有人认为可能与辰砂中所含的锌、镉元素有关。因为已知辰砂有一种具有相同化学组成的同质异象矿物——黑辰砂，它呈黑色。通常黑辰砂形成于温度较高的环境里，但若辰砂中含有 1.5% 的硫化镉时，黑辰砂就有可能在常温下形成。所以含镉高，阳光的照射（温度升高）就可能促使鸡血石中的辰砂转化成为黑辰砂，于是颜色变暗，发生走血。还有人认为辰砂变暗，即走血，是由于辰砂分解，释放出自然汞。自然汞为银灰色，当其覆于辰砂表面，便使辰砂变暗。事实究竟如何，尚有待进一步研究。

在透明度方面，鸡血石多为微透明到不透明，少数半透明，也有极少数可以达到亚透明的程度。另外，由于组成成分上的变异，在同一块石料上也常常可以看到不同的部分有不同的透明度；也有的在不透明的底质上点缀着斑块状、条纹状透明度较好的部分；或者反过来，在透明度较好的"冻"底上，散布着一些透明度不好的不规则石花。

鸡血石的光泽具有不均匀性，取决于"地"和"血"的分布状态。"地"的光泽较弱，未加工的料石，多呈土状光泽；抛光面多呈蜡状光泽；部分透明度较好的也可具有油脂光泽；少数含有较多石英微晶的，则可具有玻璃光泽。"血"的光泽则较强，一般可呈玻璃至金刚光泽。所以"地"多时光泽弱，"血"多时光泽强。

鸡血石的折射率也表现出不均匀性。"地"的折射率一般在 1.53 ~ 1.60（通常在 1.56 上下）；"血"的折射率很大，超过普通折射仪的测定范围（大于 1.81）。在长波紫外光照射下，一般无荧光反应。一些经人工作假处理的鸡血石则在作假处常可见有荧光。

鸡血石的硬度因"地"质的不同而异。"冻地"

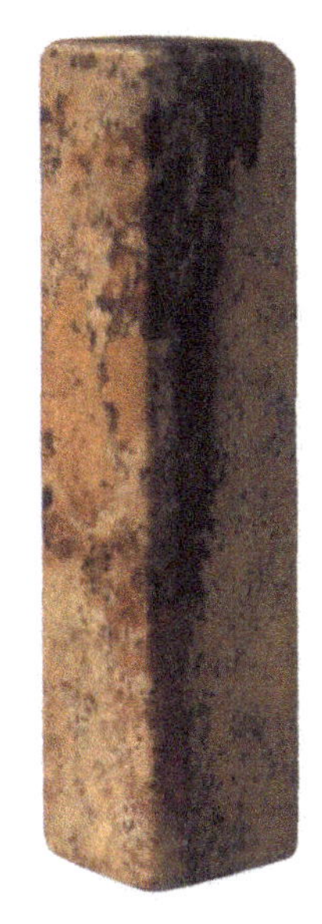

走血后的鸡血石

和"软地"的硬度一般介于 2 ~ 3;"刚地"的硬度在 3 ~ 5.5(有的可到 6),小刀大多能刻动;"硬地"的硬度大于 6,甚至达到 7,小刀刻不动。

鸡血石的韧性尚好,但产坑不同,韧性会有程度上的差异,人们把其分为"性棉"和"性脆"两种。"性棉"者多来自水坑和近地表的产地,其石性柔和,奏刀顺畅;雕刻时石屑呈刨花状,有一定"黏性"。性脆者主要来自旱坑和地下深处,石性相对脆弱,有时在雕刻快完工之际,突然碎裂;雕刻时,石屑呈渣状或粉状。究其原因,在于性脆者内部隐含有肉眼难见的微小绺裂,而性棉者因其组成矿物地开石等,在长期处于水坑或地表环境下,不断受到水的作用发生一定程度的重结晶,使原有的隐性绺裂得到修复、愈合。

鸡血石破裂后的断口,常为贝壳状或较平坦状。

鸡血石的相对密度与血的含量多少有关,血多则高,血少则低,一般为 2.60 ~ 2.90。

鸡血石的化学稳定性相对较差,这主要是构成血的辰砂具有较强的挥发性,易分解。这正是它会发生走血现象的根本原因。就是那些不易走血的鸡血石,只要时间一长,迟早也会分解。此外,辰砂虽然不与硝酸、硫酸起作用,但却会溶于"王水"(浓硝酸和浓盐酸以 1 : 3 的比例混合而成的强酸)。"地"虽然有一定的抗酸碱腐蚀的能力,但由于其主要组成成分都是一些含水矿物,所以不能耐受高温,也忌长时间的烈日曝晒。

（三）昌化鸡血石的主要品种

昌化鸡血石,若按产坑的情况可分"水坑"产和"旱坑"产两种。水坑又称"老坑",因其大多已有上百年的开采史,主要分布于康石岭以东的玉岩山一带。旱坑也称"新坑",多为 20 世纪以来开采的,主要分布于康石岭以西地区。水坑鸡血石因主要分布于地下潜水面附近或之下，在地下水的长期作用下，矿石的地开石化程度较高，所以其"地"质大多较好，以软地和冻地为主；旱坑鸡血石则"地"质大多相对较差。清代篆刻家邓散木所著《篆刻学》有载："昌化石有水坑旱坑之别，水坑质理细腻，旱坑枯燥坚顽，且多砂钉，钉坚逾铁，不能受刃，故昌化石以水坑为贵。"

虽然昌化鸡血石有水坑和旱坑之别，但实用上人们不依此对昌化鸡血石进行分类，而是按"地"质的不同将其分为冻地、软地、刚地、硬地四类，然后再根据"地"和"血"的呈像特征来予命名和分类。现简介如下。

1. 冻地鸡血石

此类是鸡血石中的精英，历来是人们追求的主要目标和开采的主要对象，不少名品、珍品均出自该类，根据其"地"的颜色和呈像特征，可分为若干品种，其中较著名的有：

（1）牛角冻鸡血石。"地"呈灰黑或灰黑中略渗浅黄，即色似牛角，故名。但色可有或深或浅的变化，肌里或纯净无瑕，或带纹理和其他花纹，半透明或微透明。血色在牛角冻地的衬托下显得尤为深沉、热烈。质地以单色为佳，色泽越明净，越能与血色形成对比，显得格外美丽。此品种在各矿区都有产出，但纯净无瑕、血色艳丽者并不多见，属难得之珍品。

（2）羊脂冻鸡血石。"地"呈乳白色，半透明或微透明，状似白玉而名。分单色和多色两种，以纯净无瑕、地色似羊脂白玉者为最佳。在它的衬托下血色鲜明，耀眼夺目，有人形象地把它比作

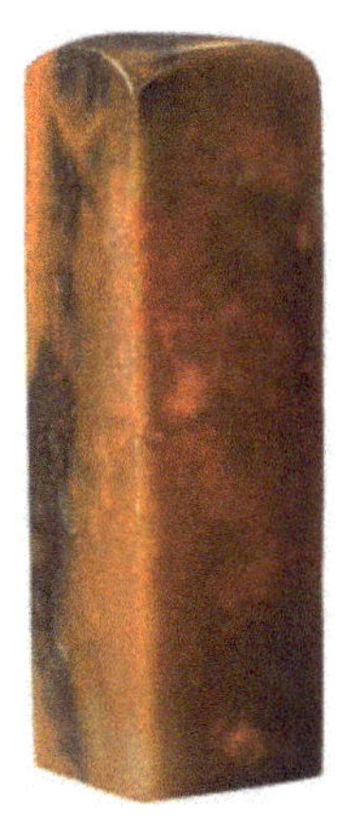
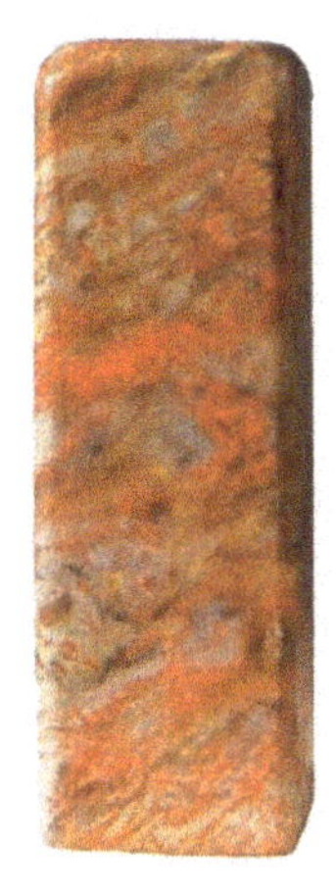

牛角冻鸡血石　　　　　　　羊脂冻鸡血石

是"皓齿朱唇"。透明度较高者，肉眼可见肌里有血透出，富有立体感，为爱石者梦寐以求。此品种产出不少，但质地纯净、血色上等者亦求之难得。

田黄冻鸡血石

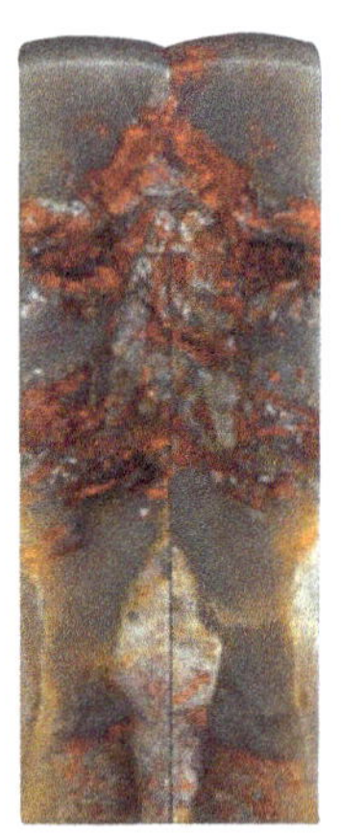

五彩冻鸡血石

（3）玻璃冻鸡血石。"地"呈乳白色，淡黄褐色，透明度甚好，是冻地鸡血石中透明度最高的一种，呈玻璃晶体状，故又名"水晶冻鸡血石"。在玻璃冻地上，不仅能观赏到表面"血"，而且能较清晰地透视冻地内部"血"，有人形象地比作犹如观赏鲜红冰灯，艳丽非凡。此品种产出呈小型团块状，偶见，是珍品中之珍品。

（4）田黄冻鸡血石。"田黄"之说，当然只是为了抬高身价，实际上只是一种具有黄色冻地的鸡血石。它质地以乳黄、微透明为主，色泽有深有浅，有暗有亮，有净有瑕。深、暗者，如熟栗、土黄；浅亮者如桂花黄、鸡油黄；净者极富玉质感，入手心荡；瑕者多色伴生或渗有杂质，大多次于明净者。在黄冻地上配以鲜浓的"鸡血"，就像蜂蜜中渗透红彩，艳丽醒目。田黄冻鸡血石也是鸡血石中的上品。

（5）五彩冻鸡血石。"地"为多色伴生，微透明为主。此品种的价值高低除了看血色、血量、血形外，还要看其余诸色是否结合得协调和谐。以血色伴生在五彩冻地上，犹如画龙点睛一般，使彩色画面更显得多姿多彩，富有韵味者为佳，很有欣赏价值。但也有的"地"色灰暗，不醒目，则价值降低，此品种产出较多。

（6）刘关张鸡血石。也称"朱砂冻鸡血石"（若不透明则称"朱砂地鸡血石"）。"地"常以紫黑色，或灰黑色为主，并常伴黄、白色。它们与血色相伴，形成红、黑、黄或红、黑、白之色象。人们形象地把此品种称为"刘关张"。以黄、白色代表刘备，红色代表关羽，黑色代表张飞。三色结合，寓意《三国演义》中刘备、关羽、张飞桃园结义，盟誓同生共死、风雨同舟。从石质看三色协调搭配，古朴典雅，也极具观赏价值，人们视之为鸡血石中的珍品，多产于老坑红碉，现资源接近枯竭，已极为难得。

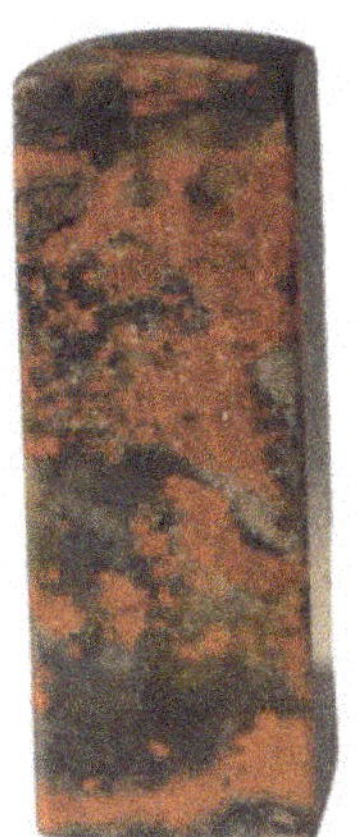

刘关张鸡血方章

2. 软地鸡血石

软地鸡血石以多姿多彩的软彩石为"地"，其透明度、光泽度虽不如冻地鸡血石，但不少品种的血色、血形与色彩丰富的质地相融合形成美丽的图纹，也不亚于冻地鸡血石，而且它是鸡血石中最常见的一类，产量占 60% 左右。主要品种有：

（1）"黑旋风"鸡血石。"地"通体乌黑，富有蜡状光泽。此品种为鸡血石之上品。常有鲜红、大红的块血、条血或云雾状血伴生。在纯黑明亮的"地"上伴生红血，给人以威武豪迈的气势，显示出仿如"黑旋风"般的英雄本色，故而大大提高了该品种的身价。此类珍品在早年开采中比较多见，近已罕见。

（2）瓦灰地鸡血石。"地"呈瓦灰色，有深有浅，基本不透明，有一定蜡状光泽。常见有大红血伴生，少量有鲜红血。质地无瑕斑砂钉者，自然柔和，即便血量不多，血色欠鲜，亦清淡怡人，撩人喜好。巴林产的灰地鸡血石与昌化瓦灰地鸡血石相近，但前者的血色不及后者。此品种在许多坑

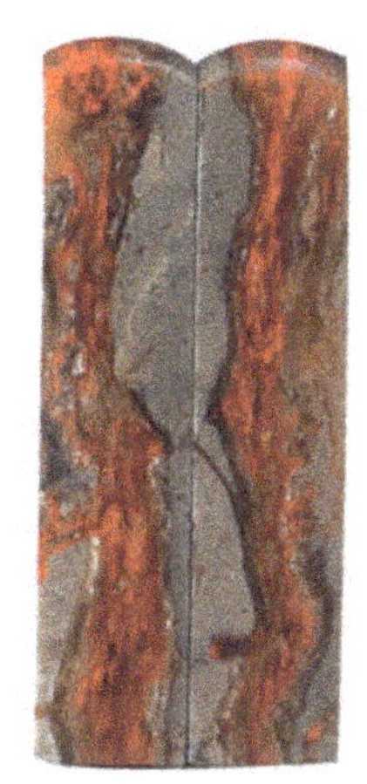

黑旋风鸡血石　　　瓦灰地鸡血石对章

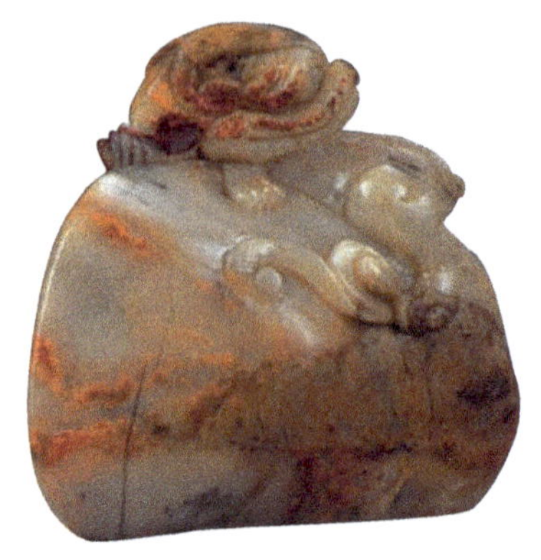

白玉鸡血石

洞均有产出，产量也较多。

（3）白玉鸡血石。"地"色以象牙白、鹅蛋白为主，故又称"象牙白鸡血石"或"鹅蛋白鸡血石"。血色各类都有。由于此品种质地洁白，光洁度高，玉肌感强，使伴生的血更加鲜艳夺目。多数坑洞都有产出，产量亦较多，但纯正者属少数。巴林瓷白鸡血石与昌化白玉鸡血石的色泽有些接近，但巴林瓷白鸡血石较干燥艰涩，整体感觉呆滞，品质一般。昌化白玉鸡血石无论血色和质地都较有灵性，是昌化软地鸡血石中之上品。

（4）桃红地鸡血石。"地"呈淡红色，不透明，有一定光泽。血分布在桃红质地上，反差较小，尤其是偏淡的血色，更与地色接近，冲淡了血的艳丽姿色，被人称之为"地子吃血"。但地色淡雅、纯正，血色丰浓的品种因加大了反差，变"地子吃血"为"玉里裹红"，产生了很好的视觉效果。巴林产的红花鸡血石与此品种有许多相似之处。桃花地鸡血中，地的透明度较好的则称"桃花冻鸡血石"。

（5）黄玉鸡血石。"地"呈黄色，色调有深有浅。深者如土黄，故亦称"土黄地鸡血石"；浅者如桂花黄，故亦称"桂花黄鸡血石"，不透明。此品种色相变化很多，常混有灰、棕、白、黑、红等杂色，单色明净者较少。在明快的黄色地子上散布鲜艳的血色，使人看了赏心悦目、亮丽迷人。黄玉鸡血石近年在新坑产出较多，惟纯正者较少见。由于田黄冻鸡血石求之难得，一些血色好、玉质佳的黄玉鸡血石也成了抢手货。此品种属软地鸡血石中之上品。

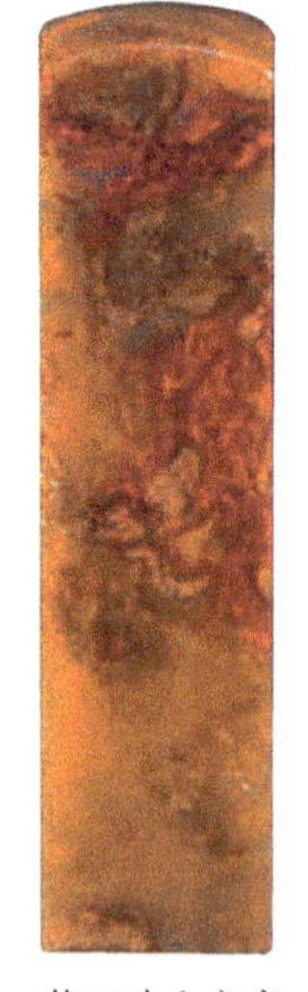

黄玉鸡血方章

（6）花玉鸡血石。系"黑花鸡血石""红花鸡血石""黄花鸡血石"和"满天星鸡血石"的总称。其色彩纷呈，色相多样，伴生着各种血色、血型。其中以黑花为"地"的鸡血石，黑里嵌红，给人以沉着与坚定的激励；以红花为地的鸡血石，红上加红，给人以热烈与友爱的象征；以黄花为地的鸡血石，黄红相映，给人以诚挚与和谐的感觉；以星星花点为地的鸡血石，就像日月星辰，给人以幸运与长久的启迪。该品种各坑洞都有产出，产量较多，以花样得体美观、血色艳丽者为上品。

（7）花生糕地鸡血石。"地"一般呈灰黄色或土黄色，并夹杂有色泽稍异的大小不一的云状斑，状如花生糖（当地称"花生糕"）的糖裹花生，故名。地以软地为主，基本上不透明；但也有的会夹杂有少量冻地。血以条纹状居多，并多沿云斑边缘分布。

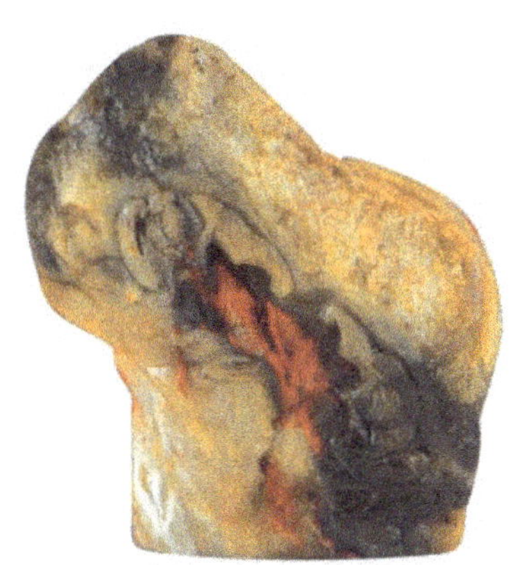

花玉鸡血石

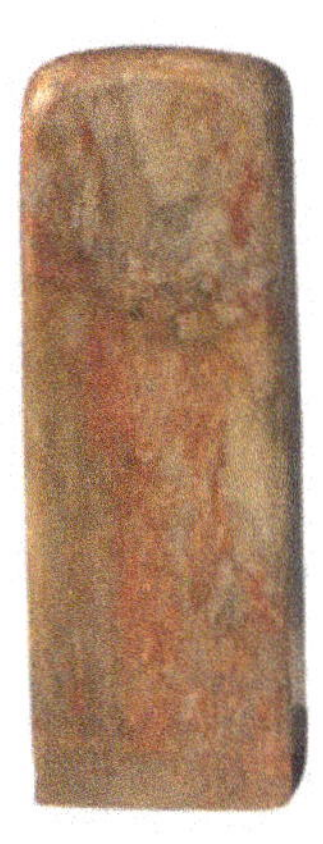
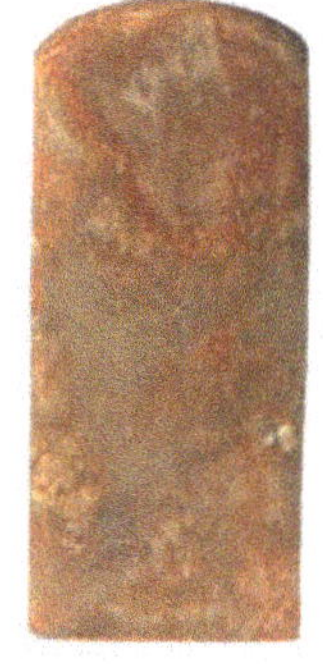

花生糕地鸡血石

3. 刚地鸡血石

刚地鸡血石与冻地、软地鸡血石少数品种的色泽相近，有的也可以具有十分好的"血"，只是"地"的组成不同，因而产生了硬度、透明度的不同。由于硬度较大，不适宜用作印石，故早期多弃而不用。20世纪80年代开始，随着石雕工艺的发展和对鸡血石工艺要

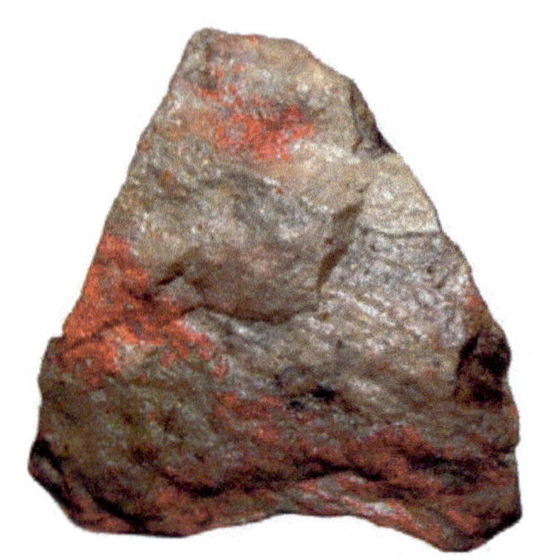

软刚地鸡血石
可见夹杂有众多具方向性
排列的白色硬矿物

求的变化，它也逐步被人们重视和开发利用，其中还出现了少数名贵的珍品。由于组成成分的差异，人们还将其分为"软刚地"与"硬刚地"两类。软刚地硬度一般在 3 ~ 5，尚可受刀。其中部分石质较细润，有玉肌感，不透明或微透明（因含石英多，透明度反而优于软地）的，较受人们的喜爱。但它的最大弱点是石质脆，易破裂，尤其是受热、受震的情况下，更是如此。硬刚地硬度在 5.5 左右，较难受刀。刚地以褐黄色、淡红色为主，因不宜用作印章，故一般多是稍作雕刻加工，做成摆件，以其自然美供人观赏。

4. 硬地鸡血石

硬地鸡血石的质地成分主要是辰砂与硅化凝灰岩的残余组成，硬度一般在 6 级以上，甚至达到 7 级，不透明，干涩少光，俗称"硬货"。其"地"色大多比较单调，较常见的有灰、白色，也有少量黑色和多色伴生。一般来说，硬地鸡血石难以雕刻，均属低档品，但其中一种称"皮血"的品

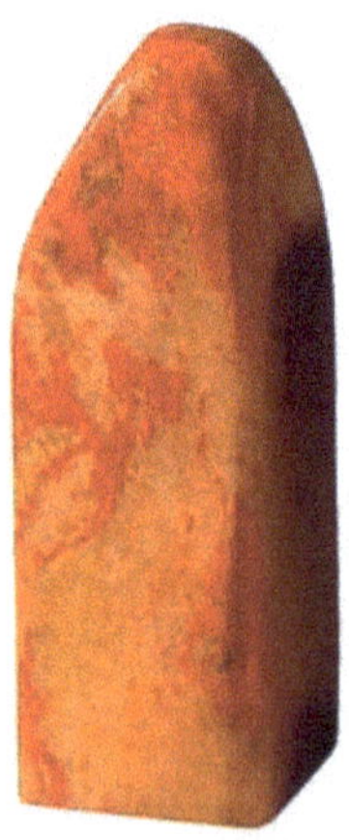

具有十分艳丽血
色的硬地鸡血石

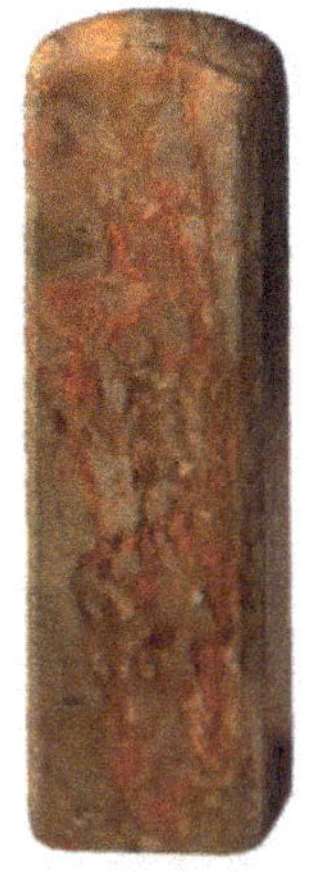

含较多石英砂
钉的硬地鸡血
石，印面很难磨
平，手摸都能感
觉到有砂粒突起

种则属上档或中档品。此品种的特点是在硬地的表面伴生着鲜艳的红血，形成了单面或双面的血的薄皮，故俗称"皮血"（实为辰砂沿裂面分布的结果）。据产地多年观察，质地愈硬，其伴生的血色亦往往愈鲜愈浓，也愈不容易褪色。好的"皮血"是制作工艺品和仿古摆件的极好材料，有的只要经表面抛光就是一件十分美观的艺术品。此外，还有灰、黄、黑、褐等为"地"色的硬地鸡血石。

（四）评价鸡血石优劣的要素

鸡血石品质的评价一般分别从"血"和"地"两方面入手：

1."血"的评价

一般从下述四方面入手：

（1）"血"色

一般分为鲜红、朱红（大红）、暗红（或淡红）三级，以色正而无邪的鲜红为最佳，朱红次之，暗红或淡红最差。有时候，同一块鸡血石中，"血"的颜色可能不完全一样，这时应确定究竟以哪一种为主。然后可依该种"血"色等级作为评价它优劣的主要参考，并根据次要"血"色来作适当的上下浮动。"血"色的评价不仅看它的色级，还要看它是"死"还是"活"？所谓"活"是指"血"能否"渐融"于"地"之中，能否透过石面看到隐藏在肌里的"血"。

（2）"血"量

在"血"的评价中，"血"量的评价是最重要的因素。它指在一块鸡血石的表面，"血"所占总面积的百分比（若为方章，应把六面合在一起考察）。一般说来"血"量在70%（通用目估法）以上，属珍品；50% ~ 70%，是精品；30% ~ 50%，为高档品；10% ~ 30%为中级品；少于10%为低级品。对于方章来说，若六面全含"血"，且总量在50%以上，即为珍品，俗称"大红袍"。若五面或四面含"血"，则等级降低；不过若石章顶部含"血"的所谓"红帽子"，虽然含"血"量稍低一些，也被视为珍品。若三面或对侧面含"血"，则等级又降低。最差的是单面或顶脚局部有"血"。

（3）浓度

"血"有浓密、稀疏之分，因此按其聚散程度分为浓、清、散三个等级。浓，指"血"的分布集中，颜色浓红；散，则相反，分布分散稀疏，"血色"浅淡。

（4）"血"形

指"血"的分布形态。常见的有片状、团块状、条带状（包括脉状、丝状）、星点状和云雾状。通常以片状为最佳，团块状或条带状次之，星点状和云雾状又次之。此外，若"血"形的分布能构成有一定意境的图案，自是不可多得的珍品。

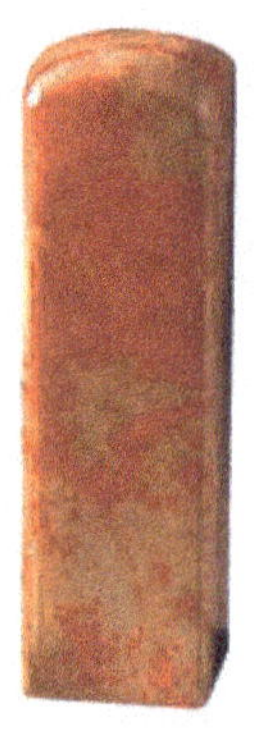

"血"分布浓密

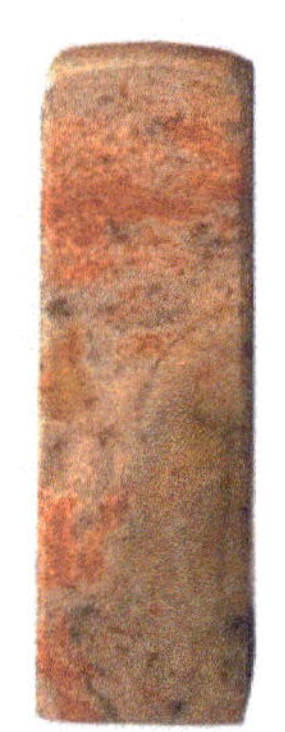

"血"分布清淡

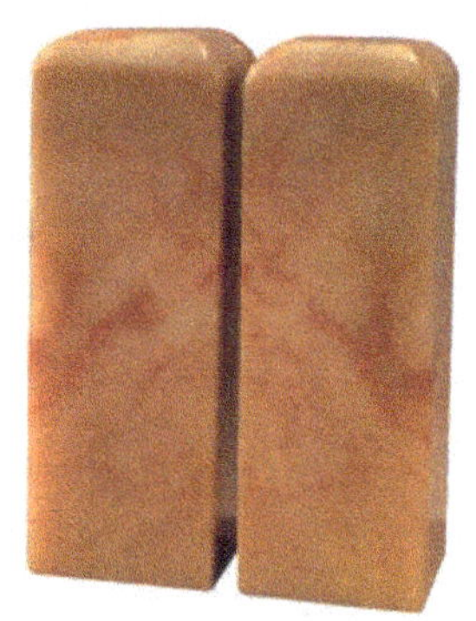

"血"分布稀散

2. 地的评价

适用前面讲到的印石优劣评价的若干要素，当然由于鸡血石的一些特殊性，它也有一些不同的侧重。现简述如下：

（1）石质

在评价鸡血石地的石质时，同样可以从"细、匀、宜、灵、洁、全”这新六字诀来评述。如前所述，鸡血石的地，可分冻地、软地、刚地、硬地四种。因此从上述六字诀来考察，刚地和硬地显然是相去甚远，不合格的。所以这里主要评述的是具冻地和软地的鸡血石。

细：大多数鸡血石的地，质地细腻，能满足细的质量要求。不过，也有的会包含有局部或少许颗粒较粗的。自然，粗粒的存在会降低它的品质，粗粒越多，品质越低。

匀：一般说来，冻地的质地比较均匀；软地有的较均匀，有的不那么均匀，有的还常会夹杂少许硬矿物。因此辨别是否均匀，对评价鸡血石的优劣是一个十分重要的考察因素。

宜：好的印石硬度最好在 2.5 ～ 3。一般说来，除了刚地和硬地鸡血石的硬度偏大之外，大多数昌化鸡血石的硬度是适宜的。据大量实测结果的平均，硬度为 2.69，正好在 2.5 ～ 3。

灵：指有一定的透明度。显然冻地的透明度高于软地，所以它的品质等级也较高。有些样品可能同时存在透明度较好的冻地，也有透明度较差的软地，这时，则要看哪个部分占主导地位。

洁：即洁净，无瑕疵、无杂质。人们把鸡血石的杂质分为“软性杂质”和“硬性杂质”两种。软性杂质指硬度与主体硬度差不多的杂质，如外界的有机污染物，铁质的水锈等。它们的存在对鸡血石的美观会产生一定影响，自然是不利因素。但有时候也反过来，它们若在鸡血石中与其他部分共同构成具有观赏性的图案，就不仅不会影响它的价值，而是会增加它的价值。硬性杂质，则是指“砂钉”等硬矿物。它们的存在对鸡血石的品质不利，所以含量越少越好，最好完全没有；若含量超过 10%，就一般不再用做图章料，只宜用于制作摆件、观赏。

全：即完整。和其他印石一样，鸡血石也常见有早期的愈合裂

地子具明显角砾构造的鸡血石

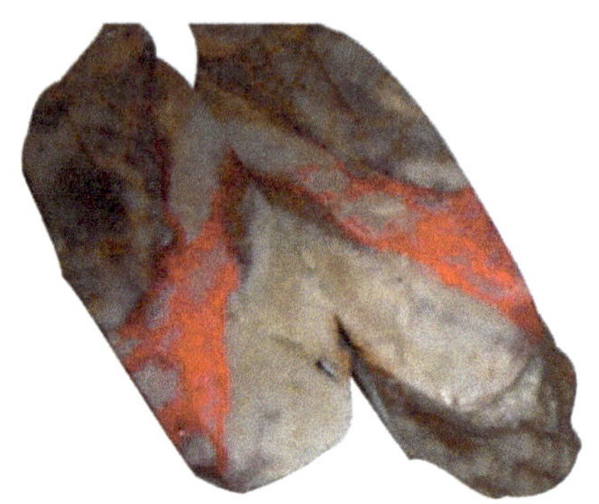

这块鸡血石血色非常鲜艳，也比较浓聚，惜地子不好，看上去色不干净且有明显的开放型裂纹

隙。这种裂隙可能会有不同的充填胶结物。若充填的是地开石或高岭石，则对样品的品质不会有大的影响，只是有可能对血的花纹构图产生一些不利的影响；若充填的是黄铁矿（或黄铁矿氧化而成的褐铁矿），由于它的硬度较高，不仅会影响血的花纹和构图，而且对样品的品质也不利；若充填的是黑色或深黄色的泥质，则对样品的品质非常不利，因为泥质比较松散，胶结牢固度很差，这种裂隙会和后生裂隙一样有重新开裂的可能。当然对鸡血石危害最大的是没有充填物的后生的开放型裂隙。它们一般形成在鸡血石的开采、运输或加工环节里。鸡血石若具有这种裂纹，就很容易彻底破裂、散架。

（2）石色

地的颜色在鸡血石的评价中也占有十分重要的地位，并有单色和杂色之分。一般说来，以具有均匀的单色为好，不过也不尽然，若杂色能与血一起组成有一定意境或观赏价值的图案时，其价值往往会明显在单色之上。单色也要看是哪种颜色，通常以能与血产生强烈对比的为最好，如羊脂玉的白色，牛角般的渗有黄色调的灰黑色；还有的虽不能产生强烈对比，但具有令人喜爱的色彩也很好。

（3）呈像

指石上纹理呈现出来的形象。好的鸡血石不仅有艳丽的血色，而且它们常独立或与地的颜色一起组成如行云流水般的花纹，构成让人浮想联翩的图案，其价值自然要明显高于普通品种；图案的意境愈深远愈罕见，价值也愈高。

（4）石品

近代昌化鸡血石的声誉可说是如日中天，名满天下，加上它的产量日见萎缩，因此其在人们的心目中已具有很高的地位。相比之下，巴林鸡血石在声望上要比它矮上一截，所以在其他要素相同的情况下，昌化鸡血石的价值会高出巴林鸡血石一筹。

（5）块度

优质的鸡血石也和其他宝玉石一样，有块度越大价值越高的趋势。由于规则的方章耗材会较大，所以在重量相同时，它通常要比随形章的价格高出 3 ~ 5 成。

（6）做工

鸡血石既有用作印章，也有用作雕件。对于鸡血石印章来说，其做工不仅要审视它在印饰和印文两方面的工艺水准，还要看血在章上的布局。如把血主要布置在顶部，做成所谓的"红帽子"，其身价就会得到提高。再比如有的印章虽然含血量不高，但若能巧妙地把血用于印钮或边面的浮雕上，也能提高它的价值。若鸡血石用做雕件或插屏，则其做工当以能突出血色的优美，并能因材施艺，构思巧妙，布局得当，线条流畅，形象逼真为好。

综上所述，可以看到决定鸡血石优劣的因素是多方面的。因此在实际操作时很难面面俱到地考察周全，据此为了便于操作，在评价鸡血石优劣时可适当予以简化。由于近代鸡血石更多是用于观赏，而较少真正用作印章（即使做成印章型，也很少付之实用），所以可以不对石质方面的因素作过多的审视，而把你的注意力集中在血的评价上。

（五）常见的鸡血石仿冒品

鸡血石稀少而珍贵，致使其行情不断看涨，就有人为了追逐高额的非法利润而制造出各种各样的仿冒品。已知这些仿冒品大致可分为三类，现简介如下。

1. 完全人造的仿冒品

（1）工艺鸡血石

这一名称显然是为了混淆视听，抬高它的身价，其实它只不过是一种塑料仿制品。据说此类仿制品最早由澳门的一个外国人所制造，后来这一技术也被他人所掌握。它是用不同颜色（较常见的为黑至灰黄色，也有棕黄等色）的塑料做地；然后在它之上，用辰砂粉末或其他红色有机染料做血，加工制作而成。

虽然这类仿制品，外观可以做得十分逼真，足以使许多初涉者信以为真，但对于内行来说，要鉴别它并不困难。因为它是塑料制品，相对密度明显偏轻，有经验的人用手掂就能感觉出来。此外，在荧光灯下它会有荧光。若用热针试验，它会遇热软化、冒烟，并释放出难闻的气味。

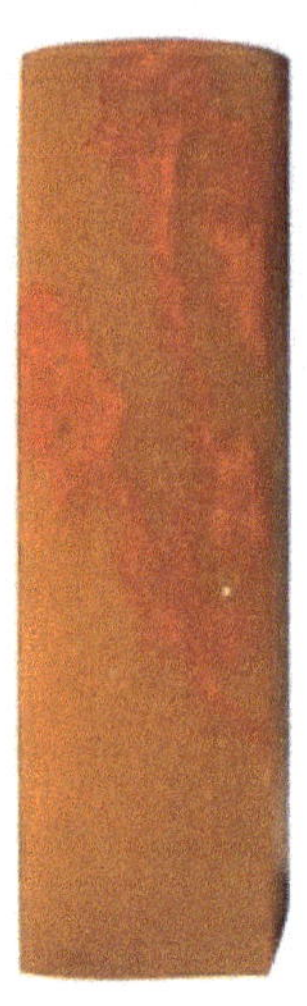

工艺鸡血石

（2）压制鸡血石

此类仿制品选用其他印石的边角料，磨制成粉末，再与树脂类黏合剂拌和均匀，并压制成型（为了能做得更逼真，有的还会故意添加一些石英颗粒，以模仿砂钉，还有的会故意添加一些黄铁矿的晶粒），然后再添加上用辰砂粉末或红色有机染料做成的血，便可加工成外观逼真的假鸡血石。也有的在黏合剂中直接添加辰砂，然后和印石碎屑一起压制成型。

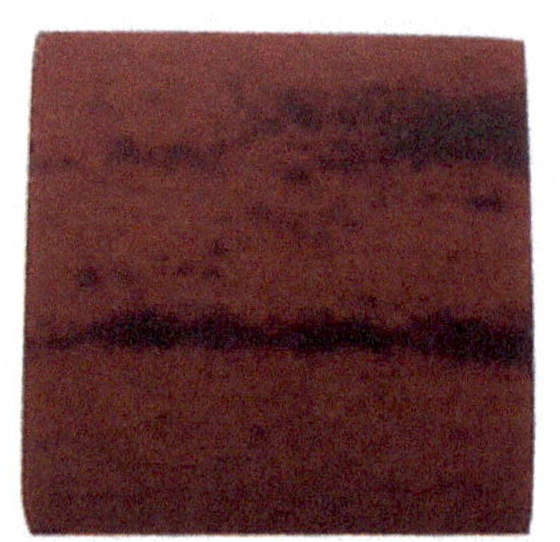

压制鸡血石

要鉴别此类仿制品难度会大一些，因为它可以做得与真品的相对密度十分相近，但毕竟它也添加有树脂类的物质，在荧光灯下，也会发出荧光。另外放大观察（最好在显微镜下）可以看到石粉的粒状胶结结构，而真品是看不到的。再者，若用刀试刻，会发现奏刀不畅，有黏滞感。另外，若能刮取少许粉末用火试，则可闻到难闻的气味，并可见粉末因炭化而变黑。

2. 半真半假的仿冒品

此类仿冒品的基础是真鸡血石，当然是低级别的，原本无血或少血的品种，然后采用各种手法在它们上面添加人工的血，以提高它的档次。常见的有以下几种：

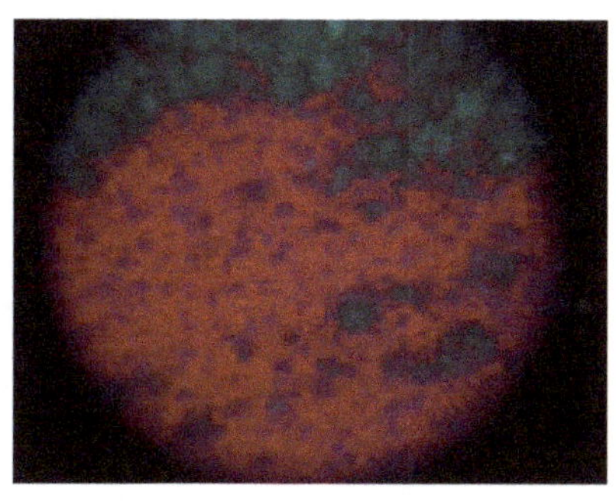

显微镜下观察到的压制鸡血石，可见明显的颗粒状结构

（1）绘色鸡血石

即用人工添绘假血，以达到提高其价值的目的。这是当今最常见的仿冒品。目前已知假血的制作方法主要有两种：一是用拌有辰砂粉末的胶体来涂抹（以下称 A 法）；二是直接使用红色的染料，甚至就是大红油漆来涂抹（以下称 B 法）。

那么怎样鉴别这种假血呢？

鉴别假血，首先要在观察上下功夫。假血是人为涂抹上去的，故它都浮于表面，没有层次感，在分布上不自然。不像真血，真血仔细观察时可以看到它不仅表面有，还有的是从表层之下透出来，而假血则看不到这种现象。此外，真血在分布上可以看到它与围岩矿物紧密共生，血或呈星点状浸染其中，或呈细脉状有序分布；再或呈团斑状、片状等分布，但此时在血中常可看到夹杂有一些星星点点的围岩物质，而假血通常呈片分布，与周围的围岩界线分明。再者，有经验的人还可观察到它们的光泽不同。真血是由辰砂矿物的微晶引起，所以光泽强，常具玻璃到半金刚光泽，而假血若为 A 法所得，则其虽也来自辰砂，但因拌和有树胶一类物质，致使其光泽相应减弱；若为 B 法所得，则其光泽会更弱一些，以至近于树脂光泽。还有若同时存在真血和假血，则通常可以观察到两者的颜色不尽相同，一般真血会清淡一

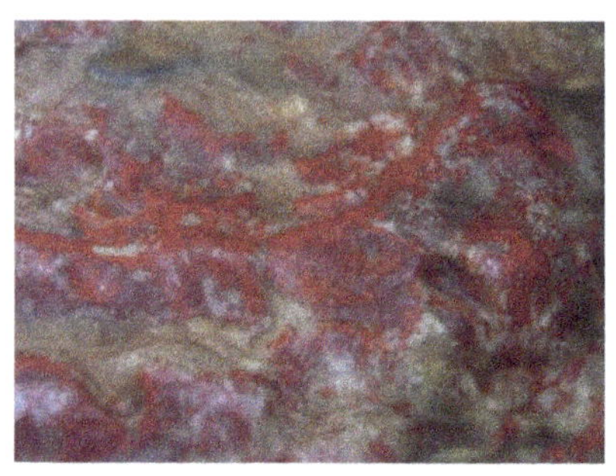

做有假血的制品放大观察时可以看到有两
种颜色不同的血

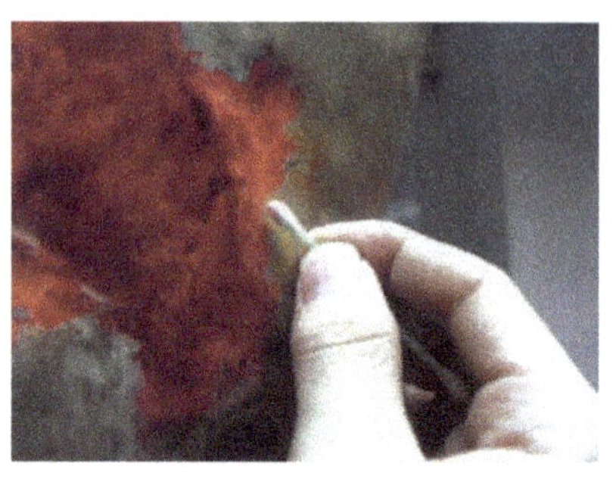

使棉签染上红色的假血

些，而假血则浓艳得多。

当然，上述的肉眼观察方法仅是一种粗浅的识别手段，对于一些制作良好的赝品，难免还会上当受骗。因此在有条件的情况下，最好还是依赖科学的鉴定手段。根据前人的经验和笔者自己的实践，有以下几种方法可供选择：

① 用针尖点刺，真血呈白点，有脆感；B 法假血无白点，有韧感。

② 用铜针进行硬度试验，真血的硬度低（辰砂的摩氏硬度是 2～2.5），可被铜针所刻划；假血因有树胶等，硬度稍高，铜针会打滑。

③ 用长波紫外光进行荧光检查，真血无荧光；假血则通常都会有荧光反应（但要注意，有的鸡血石表面涂有一层有机胶或油质的保护膜，也会有荧光反应，但这种荧光是整体性的，与假血引起的局部荧光不同）。

④ 用蘸有汽油或乙醚、丙酮、香蕉水的棉花进行擦拭（注意要先除去表面可能存在的胶膜或蜡膜，否则在它们的掩护下，棉签将不会接触到下面的血），棉花会染上红色者，为假血。

⑤ 用"王水"（3 份盐酸＋1 份硝酸）进行点滴试验。若血是由辰砂引起，包括用 A 法假血，则会发生起泡现象，并生成易擦掉的薄膜；而 B 法假血则不会起泡。

⑥ 用铝针磨擦血，若血由辰砂引起，则会与铝针反应，生成铝汞齐。汞挥发后，会在针上留下氧化铝的毛发。在放大镜下，可看到铝针头上有白色毛发状物。不过要注意的是，由于有的鸡血石表面有保护膜，致使铝针未能真正接触到辰砂，也就不能产生上述现象，切忌因此而作出错误的判断。

⑦ 刮取少许血的粉末，在偏光显微镜下进行粉末油浸鉴定。若为辰砂，则可观察到镜下有具高突起和多色性的非均质性的红色颗粒（或因粉末过于细小，呈现在正交偏光下全亮、不消光的团聚状）；而 B 法假血，则在镜下呈非晶质，正交偏光下为全消光的黑色。

⑧ 刮取少许血的粉末进行红外光谱测试，一般在波数 $1\,500 \sim 400$ 厘米$^{-1}$ 的谱线区，可以发现有与正常血不同的吸收峰。

⑨ 在万不得已的情况下，还可用火试（$> 440℃$）。真血会变浅棕或紫色，冷却后又恢复原色；而假血，不论来自 A 法或 B 法，因均含有胶一类的有机物，在高温下会被烧焦，留下黑斑。

（2）填充鸡血石

这种仿冒品与绘色鸡血石相似，也是采用人工的方法给基石添加假血。不同的是，为了不给人以血都浮于表面的观感，它不采用绘画的方法，而是采用挖坑填补的方法。所用的假血，大多采用辰砂粉末或碎料拌胶来获得。鉴别这种假血的方法和上述相同。要注意的是，这种仿冒品大多也含有少量真血，因此在检查时务必要多观测几处，不要被个别的真血所混淆。

（3）组合鸡血石

或称"拼接鸡血石"。这种仿冒品的基础都是真鸡血石，只是它们原本都是小块，卖不了好价钱，所以就采用拼接的方法把它拼成大块；也有采用四周贴片的方法制成方章的；再有一些大片的鸡血石插屏，由于局部品质低劣，影响了它的观赏性和价

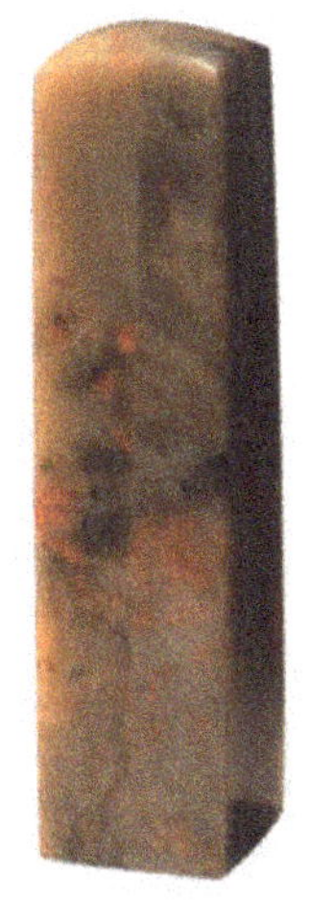

拼接的鸡血石章

值，因此也常被人把低劣的部分挖掉，再找一块大小相当的鸡血石镶嵌在挖坑处。不论是如何拼接，通常都会在拼接缝处进行适当的雕琢等处理，以掩人耳目。

对于此类假货，只要用放大镜仔细检查，当不难发现拼接缝的存在；也可以仔细观察血形的分布，如果发现血形的分布方向发生突然的改变或中断，就是拼接的最好证据。还可以用荧光灯进行检查，由于拼接时都会用胶，所以拼接缝会显示出不同于周围的荧光。

3. 天然的仿冒品

（1）着色的天然石料仿冒品

近期市场上也常见有经人工着色处理的天然石料仿制的假鸡血石。此种石料的"地"为黄到浅黄色，微透明，表面光滑，呈蜡状光泽；"血"呈暗红色，条带状分布，血量在 20% ~ 40%。经鉴定"地"的组成矿物为绿泥石和少量石英。绿泥石呈微晶粒状或片状结构，大小较均匀，粒径 0.015 ~ 0.025 毫米。"血"的矿物组成和结构特征与"地"相同，未见有辰砂的踪影，而且高倍显微镜下可见有红色染料，弥散在绿泥石的颗粒之间。对染料萃取物的红外光谱分析证明，此系有机染料。故这种仿冒品的正确名称应是"经人工着色处理的绿泥石岩"。其硬度为 2 ~ 3，折射率 1.56，与真鸡血石相似，但相对密度明显偏轻，为 2.18 ~ 2.22，且紫外灯下显示出强红色荧光，可借此与真鸡血石区别。

在市场上，除了这种用绿泥石岩着色冒充的假鸡血石外，也见有用寿山石着色冒充的假鸡血石。鉴别这种仿冒品的方法可借鉴绘色鸡血石的鉴定方法。

（2）天然的近似仿冒品

这是一些天然形成的岩石，但外观近似于鸡血石，因此也常被人用来充当鸡血石。

① 血玉髓：在一些较早期的珠宝书刊上，血玉髓也常被人称为"鸡血石"，因此不免给人造成误会。其实这是一种在不透明的暗绿色

的基地上，点缀着血红色斑点的玉髓。玉髓是石英的隐晶质集合体，它的硬度高达 7，比鸡血石硬得多；它还具有玻璃光泽，也与鸡血石常见的蜡状至油脂光泽不同；再有，它的血是由铁引起，多呈红到棕红色，并呈斑点状无规律分布，而鸡血石的血一般要艳红一些，虽也有星点状分布，但更常见条纹状，并大多具一定方向性分布。所以区别这两者应该不困难。

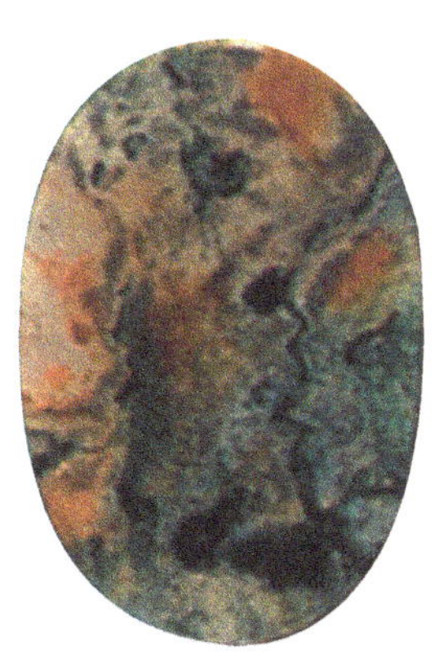

血玉髓

② 寿山桃花冻：桃花冻又名"桃花水"。是寿山水坑石中的著名品种。它在外观上与具白冻地的鸡血石十分相似，而且它们的地主要由地开石组成，石质基本相同，透明度也大致相当，其区别主要在于"血"的不同，桃花冻是在白色透明的地子中，夹含有众多红色星点。这些红点呈圆点状，一般只有米粒大小，且或疏或密，浓淡掩映，如片片桃花瓣，沉浮水中。而鸡血石的血，则既有点状，也有块斑状、条纹状、片状，千姿百态，复杂多样。如果从"血"的形态还不能区分，则可以刮取少许"血"的粉末进行镜下油浸鉴定。若是辰砂，便是鸡血石；否则不是。

③ 雾川鸡血石：一种产于贵州雾川地区的含辰砂的大理岩。也就是说它的主要组成矿物是方解石，虽然它和真鸡血石一样也含有鲜红

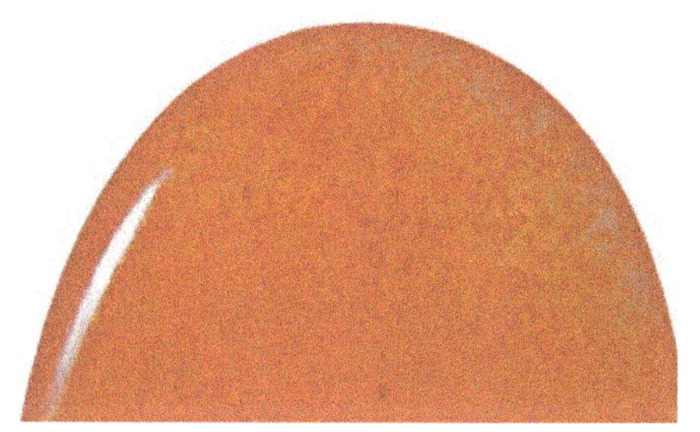

寿山桃花冻，放大后可见其红色星点

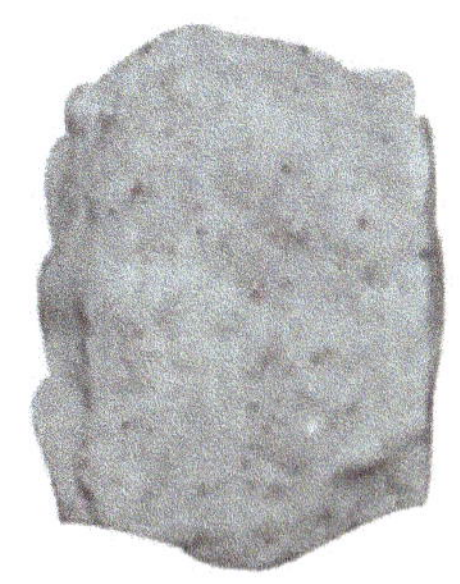

所谓的"雾川鸡血石"

的辰砂，但把它称为鸡血石显然是为了抬高它的身价。事实上它不仅"地"的物质组成与真鸡血石大相径庭，而且在石质上也远没有印石的"六德"。它一般结晶颗粒较粗，致使质地显得相对粗疏，硬度则稍大，一般为3，透明度为微透明至不透明（以不透明为主）；颜色有纯白、灰白、浅黄白、浅灰、青灰、灰黑等。辰砂呈星点状、脉状、块斑状分布于基地之中；偶尔还有少量黄铁矿或褐铁矿点缀其中。长期来它一直是被作为汞矿石进行开采的，但近些年也有人把它作为"鸡血石"推向市场，并美其名为"西血"，企图与昌化的"南血"，巴林的"北血"并立。要鉴别此类"鸡血石"并不困难，肉眼或用放大镜都能看到它的粗疏的结构；当然更可靠的鉴定，是给它滴上一滴稀盐酸，就会看到它强烈起泡，而真鸡血石是绝对不会的。

④ 朱砂玉：朱砂即辰砂的俗称。朱砂玉是一种含有辰砂的石英岩。1981 年，我国最先发现于吉林。它呈肉眼不能见其颗粒的微晶致密结构，辰砂以微晶粒状较均匀地散布于石英之中。石色为淡红到淡暗红色，也有少数呈鲜红色，并见类似缠丝玛瑙那样的色环（但色环颜色相对较暗），不透明。因主要组成矿物是石英，所以硬度较大，一般为7。相对密度则因辰砂含量不同而异，波动于3 ~ 6。所以不难与真鸡血石区分。1993 年，这种含辰砂石英岩又发现于某金矿的顶部，所以人们又称之为"金顶红"。此外，早在 1911 年，美国加利福尼亚州麦克罗夫兰金矿就发现有同类石料，并以发现者之名命名为"麦瑞凯特石"。应该指出，此类石料因硬度很大，作为印石显然是不适宜的，但它们中具有艳红色泽的优良品种，从观赏性的角度而言

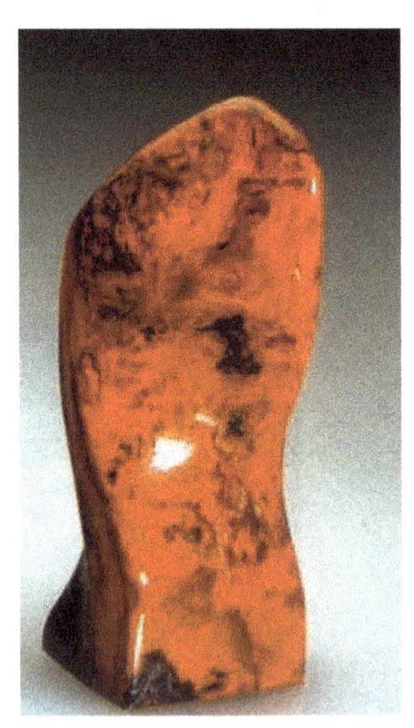

美国产的金顶红

并不亚于鸡血石，而且它的玉质感会更强，所以用作玉石当是不错的选择。事实上，它在市场上也具有不菲的价格。

⑤ 桂林鸡血红碧玉：这是产于桂林龙胜县的一种由火山喷出物变质而成的硅质岩。该石底色以黑色、赭黑色、紫黑色为主，也有少数为土黄色、灰白色，其上则分布有大片的斑块状、云斑

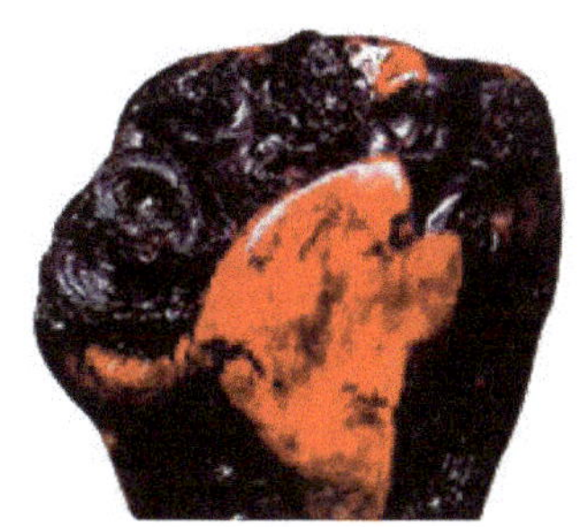

桂林鸡血红碧玉

状、条带状、不规则纹丝状的的红色。红色可有深浅、明暗不同的变化，其中有一些可以具有十分鲜艳的红色，因此也被人誉为"桂林鸡血石"。但实际上它的物质组成与鸡血石完全不同。据研究它的主要组成矿物为石英和玉髓，含量可达 65% ~ 95%，另含赤铁矿 6% ~ 12%，以及少量黏土矿物。它不含汞，其红色来自所含的赤铁矿。根据其硬度 6.5 ~ 7，以及红色部分的樱桃红的条痕色（把红色部分在素瓷板上划擦，即可获得条痕色），可与真鸡血石区别（注意：这种鸡血红碧玉也深受人们喜爱，也有不菲的市场价，但不要把它当做真鸡血石）。

最后还要补充的是，由于在市场上昌化鸡血石的售价一般高于巴林鸡血石，因此也常常看到人们用巴林鸡血石来冒充昌化鸡血石。至于如何区分这两者，我们将在后面介绍巴林鸡血石时再予细述。

（六）普通昌化石简介

前面我们已经谈到，昌化石除了遐迩闻名的鸡血石外，也有不含辰砂的普通昌化石。

这些普通昌化石虽然也和鸡血石一样有"老坑""新坑"之别，但主要是指开发的早迟和质量优劣的两类坑洞的产出分类，而不是昌化石品种的区分。在品评石材质量时，也有红硐石、水硐石、康山岭石、蚱蜢脚背石、昌化坞石、纤岭石、灰石岭石之说，但这也是指部分石

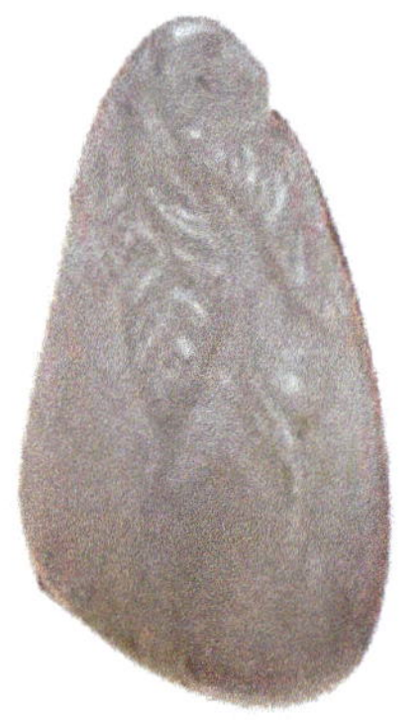

昌化玻璃冻石

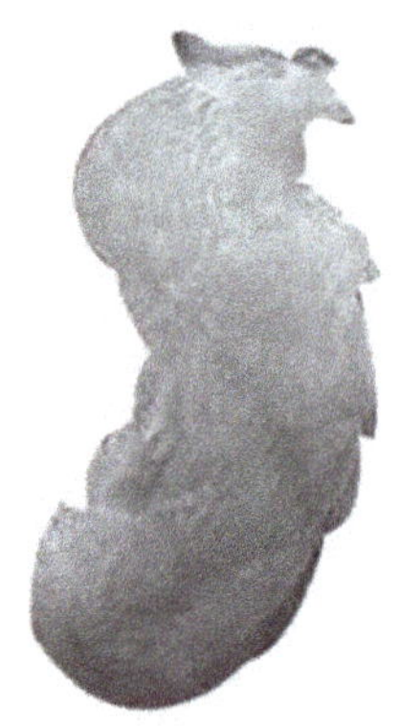

昌化羊脂冻石

材的矿坑、产地和质量上的某些差异，而不是品种的不同。因为论品种，这些坑洞和产地均大同小异。所以昌化石的种属通常不以坑洞、产地来划分，而是大多以石色和呈像等特征的不同来予命名，并随着历年来生产、流通的发展和扩大，以及印章石材的交流，而奠定了目前较通用的个性化的品种名称。

习惯上，人们一般把除鸡血石外的普通昌化石，按其透明度的差异分为冻彩石和软彩石两种。

不论是冻彩石还是软彩石，均可按其色泽、呈像等质地的差异再细分为若干品种。这些不同品种在命名上大致与鸡血石的"地"的命名相对应。如昌化冻石中就有与牛角冻鸡血石相对应的牛角冻石，与羊脂冻鸡血石相对应的羊脂冻石，与五彩冻鸡血石相对应的五彩冻石，以及玻璃冻石、朱砂冻石等；当然也有一些具有不同于鸡血石的"地"质，而具有独立的命名，但此时大多也根据其与寿山石或青田石中相似品种的名称予以称呼，如桃花冻、玛瑙冻、鱼子冻、鱼脑冻、冰纹冻、红木冻、艾叶绿等；再有一些具有较明显昌化特色者，则被冠以"昌化"之名，如昌化黄石、昌化晶、昌化绿、昌化双彩、昌化五彩、昌化多彩、昌化花彩、昌化金星、昌化云纹、昌化墨晶和巧色昌化等。据称共计有 40 多个品种。

总之，昌化冻石缺乏像寿山冻石、青田冻石那样的优质品种，而且质纯的大块冻石十分罕见，多呈卵状小团块产出，或以局部成"冻"的形态夹杂在软彩石之中。大多数冻石还常常包含有或多或少的砂粒及大小不一的僵块（明矾石或围岩的未变质残余）。

　　软彩石在产量上要比冻石多得多，而且也可以有较大的块度。软彩石区别于冻彩石的最大特征是不透明或近于不透明，且部分品种光泽稍逊色，但却常以其色彩之长弥补了其透明度和光泽度之不足，其中一部分质地温润、富有特色的品种，甚至还胜于冻石一等。

　　软彩石按其色泽，可分单色和多色两种。单色者以质纯色美，或具独特的颜色为佳；多色者则视色泽的搭配和俏色的利用而异，其中有些多色者还可构成美丽的图案，一些奇特的对章也往往来自软彩石，它们常成为收藏家们的宠爱。和冻石一样，软彩石中质纯的也相对少见，它们也大多夹杂有或多或少的砂粒和僵块。正由于这些原因，使普通昌化石在印石市场上一直不占有重要地位；而且除了少数个别品种，它们的价值也都不高。

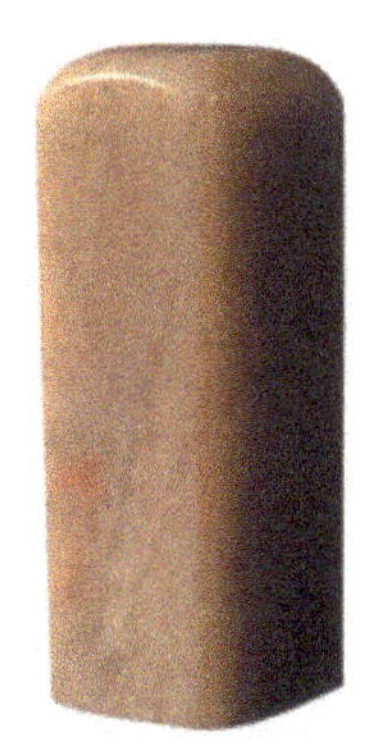

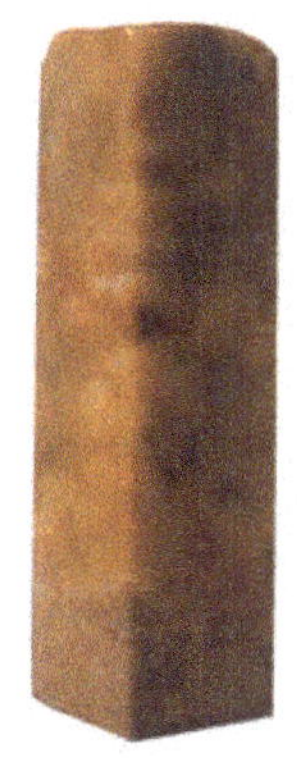

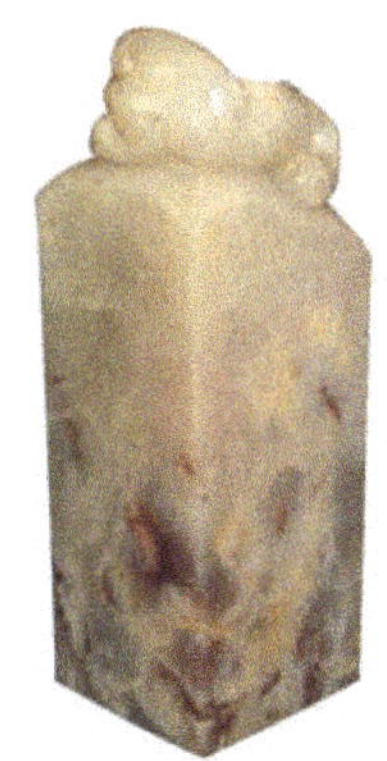

| 局部含冻的昌化藕粉石 | 局部含冻的昌化凝脂石 | 昌化五彩石 |

　　普通昌化石中也有几个较特殊的品种，现简介如下。

（1）昌化黄石

　　是普通昌化石中最著名的品种，因其色似寿山的田黄，石质也比较晶莹润泽，有一定灵气，而有"昌化田黄"之称，并成为一些人热炒的对象。

　　昌化黄石最初发现于1999年春。当时在偏僻的昌化山乡里爆出

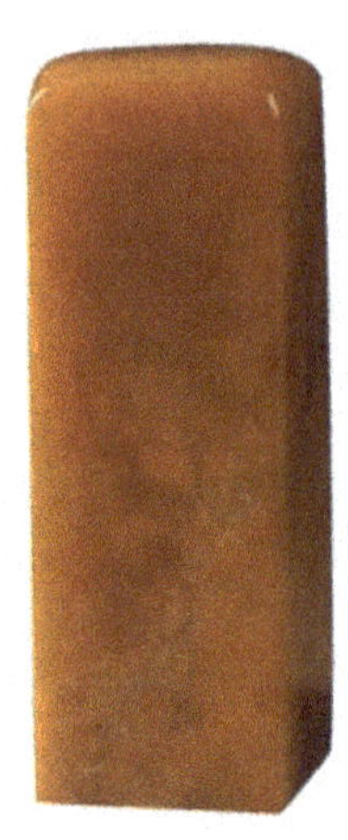

昌化黄石

一个"新闻",说是一位福建人花了7万元人民币,从当地某农民手中买走了一块产在他们家乡的"田黄"。于是山乡沸腾了,所有能够上山的人都带着家伙上了山,在一小片山坡上进行了地毯式的挖掘,树木被砍,植被遭破坏。这无疑引起了新闻媒体的极大关注,浙江电视台、杭州电视台都做了报道,《钱江晚报》并发了专题新闻:《青山在流泪》。没想到这些报道却成了广告,各路淘宝人纷纷介入,有人开始屯集这种"田黄",准备发一笔"期货"财。一时间,一小块不起眼的石头要近百元,甚至数千元。

正如前面"常见的田石仿冒品"一节中已经讲到的,这种昌化黄石虽然在矿物组成上与真田黄无异,也是由地开石构成,但它是产在山坡上,因此从其产状来说,它相当于掘性石。另外,由于它没有田黄石那样的形成环境,所以它一般都没有皮,顶多只有表面粗糙的氧化层;它也没有格,有的只是矿物不纯所含有的红色块或红筋;最重要的是它没有通常人们所说的萝卜纹,而萝卜纹是鉴定田黄石的最重要依据。再有,如果用小刀在它的表面刮一下,露出的质地是白乎乎的,要经人摩挲一段时间,才能恢复本色;而且迎光看视,被刮的部分有小小的结晶闪闪发光。这与它的质不纯有关,若用放大镜观察可见肌里有浅色的小点及杂质,且石质相对较粗、较松,这显然无法与田黄的细洁、凝腻相比拟。昌化黄石虽然不能与田黄石比肩,但作为昌化石中较优良的品种还是值得人们给予充分关注的,且由于前段时间的滥采滥挖,近来已十分稀少。

（2）昌化鱼鳞石

昌化石中一种比较特殊的品种。外貌相对白净可观,并具有似鳞片状的斑纹（或称假竹叶状斑纹）。该石的特点是镌刻十分不易,刻刀着处,石面就纷纷像小云母片似地爆裂,而且几乎没有规律可掌握;

即使十分小心刻划，也往往一刀下去，全盘皆输。正由于它难以镌刻，因此用其镌刻成功的作品，深受收藏家们的珍视。

（3）昌化象牙白

该石通体洁白，如象牙，又如白瓷，色泽光洁，但不透明；质细而腻，易受刀，适宜于精雕细刻，尤其是人物的雕刻。此石种虽没有羊脂冻那么透明，但其纯白程度比羊脂冻浓，在外观上给人以温润、纯洁、素雅之特色，显示出吉祥如意、纯洁无瑕的美感，且产出较少，故亦属难得之上品。

（4）昌化绿

昌化石中罕见的绿色品种。通常呈绿到青绿色或浅蓝绿色，色不均匀，多夹杂有斑状黑棕色或暗绿色部分，以及零星分布的灰白色斑点，不透明或近于不透明，质地细腻，适于镌刻。据研究，其主要组成矿物为微晶白云母（与青田山炮绿成分近似）。因罕见而珍贵。

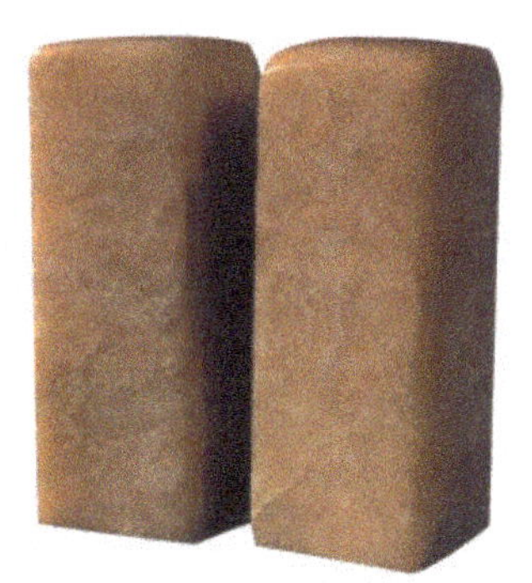

昌化鱼鳞石

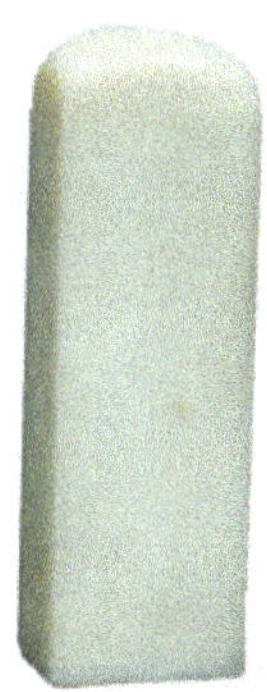

昌化象牙白

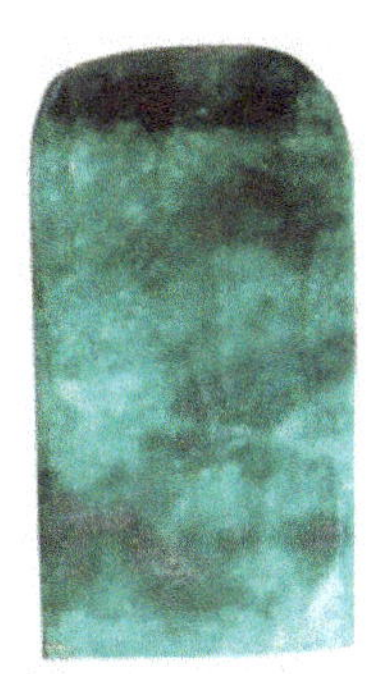

昌化绿

（5）昌化巧石

此品种与五彩石相近，主要区别在于巧石系两种以上颜色形成的色调，色与色之间界限较分

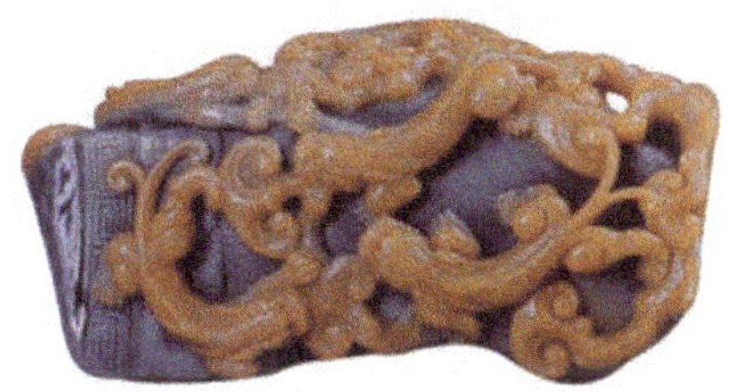

昌化巧石

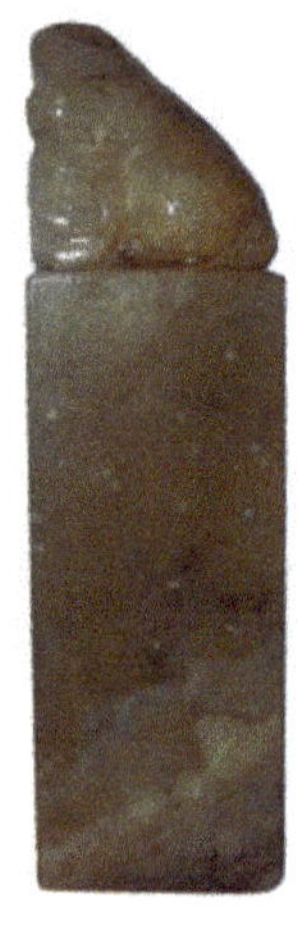
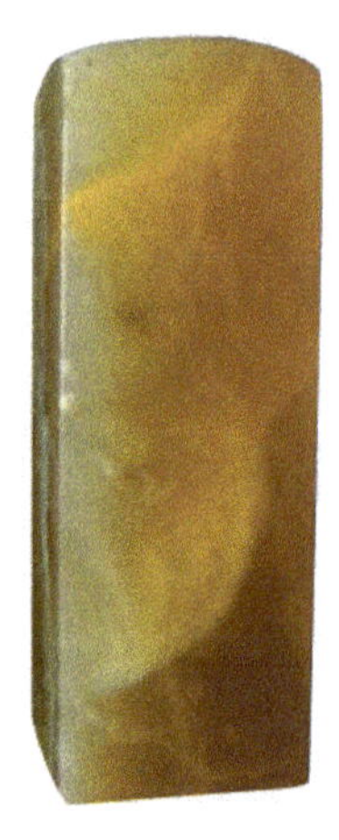

昌化满天星　　　　　　昌化冰纹冻

明，不同颜色多数呈块状，反差较强。不透明，易受刀，乃俏色施雕的极好石材。

（6）昌化满天星

该石在褐色的基底上，散布着星星点点的棕色或灰色斑点，宛如夜空星辰，十分美观。不透明，石性较硬，常有砂钉或硬块出现，不适宜雕刻，故主要供观赏用。

（7）昌化冰纹冻

昌化石中较少见的具有较高透明度的品种。多通体近于一色，并呈淡黄色、豆青色，有的有色泽稍异的云雾状斑纹；透过石体可见肌里隐含不规则已愈合的裂纹，质地细腻，晶莹明洁，甚具美感。

昌化石还有许多不同的品种，其中有的十分罕见，如曾经有人报道说昌化石中也有类似青田蓝星的"蓝星冻"和具有类似翡翠那样翠绿色的"翡翠冻"等。惜因其少见，人们对此还了解甚少。如果确凿，当是十分珍贵的品种。

（七）昌化石的收藏要点

在结束关于昌化石的介绍之前，让我们简要地归纳一下收藏昌化石要注意的几个问题。

1. 两大类昌化石的价值

从前面的介绍已经知道，昌化石可概略地区分为鸡血石和不含"鸡血"的普通昌化石两大类。显然，鸡血石的声望远远高于普通昌化石，其收藏价值也自然远高于普通昌化石。

2. 两产地鸡血石的比较

众所周知，鸡血石在我国有两个产地，除昌化外还有内蒙古巴林产的鸡血石。相对比较起来，昌化鸡血石的血色较好，且相对不易发生血色变暗的"走血"现象，所以在其他评价因素相同时，昌化鸡血石的市场价会比巴林鸡血石高上一筹。

3. 影响鸡血石品质的因素

影响鸡血石品质优劣的因素，包括血和地两大部分。血又包括血量、血色、血形和浓度四因素；地要考察的因素更多。但由于今天鸡血石主要用于观赏，很少真正用作印章，因此在实际评价时，地的因素可以适当予以简化或忽略；也就是说可以把它简单地归纳为冻地、软地、刚地、硬地四个因素来考察，而把视角集中在对血的评价上，尤其是血色和血量最为重要。

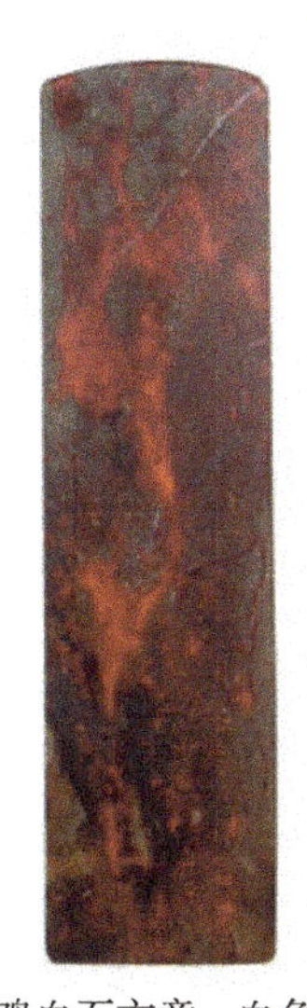

这件鸡血石方章，血色很鲜艳，地子也有一定透明度，惜含石英等硬质砂钉较多，有的肉眼可见，且有两条（白色的）斜向裂隙。这使它的价值大受影响

4. 警惕各种仿冒品

收藏鸡血石最最需要警惕的是它的各种仿冒品。前面已经讲到，在当今市场上鸡血石的仿冒品大致可分为：完全人造的、半真半假的和天然仿冒品三大类。其中完全人造的比较容易辨识，天然仿冒品也相对易于鉴别，最令人头疼的是那些半真半假的仿冒品。由于技术上的不断改进，这些赝品已可做得越来越逼真。不要说普通的爱好者难以识别它的真伪，就连一些专家、里手也常常不免走眼、看错。因此为了不致上当受骗，遭

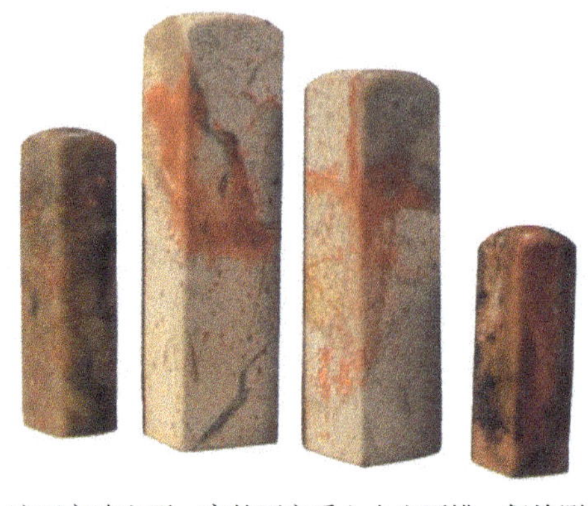

这四方鸡血石，高的两方看上去也不错，但检测后却发现它含有大量方解石，显然不是真鸡血石

受无谓的损失，你在决定收购某块鸡血石时，必须慎之又慎。一定不要轻易相信卖家天花乱坠的吹嘘，也不要过于轻信自己的经验和眼光，因此较有把握的做法，是请专业机构应用必要的仪器对其进行鉴定。鉴于鉴定上的难度和鸡血石昂贵的价格，为了保险起见，最好是让两家，甚至三家机构进行鉴定，以便互相引证，确保无误。

5. 延缓鸡血石"走血"的措施

构成血的辰砂是汞的硫化物。汞是一种易于挥发的元素，这是鸡血石所以会发生"走血"现象的最根本原因。因此即使是最不易"走血"的昌化鸡血石，表面曝光的时间一长也仍然会慢慢失去原来鲜艳的红色。为了尽可能地延缓"走血"的过程，可以采取以下措施：

（1）切忌在阳光下曝晒，或长期置于强光之下。如不是用于陈列，则最好把它密藏在内有软质衬垫的锦盒内。另外，注意避免把它长期置于高温环境里。

（2）油养是广泛采用的保养法。方法是在制成品上擦一层白茶油或白蜡油，让石表吸透油质，变得更加晶莹明净，血色更鲜；同时在表面油膜的保护下，血不与空气直接接触，可延缓"走血"的发生。如擦油后再密封于锦盒中，可包一层普通的保险薄膜，以免油质沾染锦盒绒布。除油养外，也有用封蜡或涂覆有机薄膜的方法来保护，效果更佳。

（3）在产地，未抛光或未封蜡的原石和成品，可浸在洁净的水中保养，也能取得满意的效果。

（4）若用于陈列，除尽量避开阳光或强光的直射外，还应常擦抹。如陈列时间长而沾染了灰尘、污质，可用细软绸布或绒布轻轻擦抹干净，再用细毛刷蘸油刷一层薄油，即可恢复光彩。

（5）一些小摆件、石玩、装饰品，有人建议最好经常用手摩挲抚玩，也可在脸上摩抹，使石面附着一层极薄的油脂，年深月久，便会产生一层所谓的"包浆"，更显古朴高雅。但笔者认为这样做虽然对石质有益，却有可能损害人体的健康。要知道汞是一种对人体有害的元素，长期与之接触，可能带来隐患。

（6）如果你的鸡血石已发生"走血"，怎么办？一种方法是把鸡血石用石蜡油浸泡数日，或用湿土埋藏两周以上，血色仍会鲜艳如初。如果这样还不行，就得用第二种方法，即用细号（一般用 2000 号）水磨砂纸蘸水轻轻磨去一层后，便可使其重新显现出鲜红的色彩。

6. 鸡血石地的保养

鸡血石除了血会发生"走血"现象外，由于它的地（特别是冻地和软地）也是由含水层状硅酸盐地开石、高岭石等构成，所以它也忌与硬物划擦，并忌高温、干燥，关于它的保养与前面已经讲到的寿山石、青田石一样，这里不再赘述。

7. 关注普通昌化印章石

前面已经谈到，在昌化还有一些不含辰砂的普通印章石。其中也有一些很值得给予必要的关注。如有"昌化田黄"之称的昌化黄石，虽然在品质上与真正的田黄石相比还有相当的差距，但在一些人的热情追捧和炒作下，其行情有节节走高之势，所以若有机会遇到，也切莫轻易放过。当然，你千万不要用购买真田黄的价格去收藏这种昌化黄石。除昌化黄石外，另外一些昌化冻彩石和软彩石，只要在石质、石色和呈像方面具有一定特色的，也应引起收藏者的重视。

四、巴林石

巴林石，是我国另一种著名的印石。2001 年 10 月 16 日，中国宝玉石协会在北京召开的国石推荐专家评定会上，曾一致推荐"两玉四石"为候选国石。其中两玉系指和田玉和岫玉，四石即指寿山石、青田石和昌化石和巴林石。

巴林石产于内蒙古巴林右旗，在 20 世纪以前，人们一直对它知之甚少。在我国的四大印石中，它可说是后起之秀。但事实上，从考古资料可知，巴林石的利用可追溯到 8 000 多年前。人们曾在赤峰市敖汉旗的兴隆洼遗址，发现有 8 000 年前用巴林石制作的人面型佩饰。

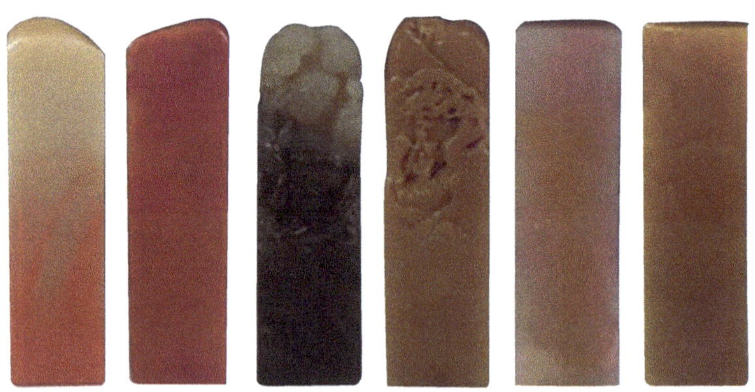

巴林石

（一）巴林石的由来

巴林石，除了已发现的 8 000 年前人面型佩饰外，在历史上长期来没有关于它的详细记述。清朝时，巴林石碗成为上奉朝廷的贡品。在曾是清朝摄政王多尔衮的属地——喀喇沁旗锦山的灵悦寺内，供奉着一尊石佛（高 14 厘米、宽 7 厘米、厚 4.5 厘米），其石质属巴林石中的软性料，玫瑰色，其中有三分之一的杂质。从雕刻手法上看，此佛应是唐宋时期所刻。史料表明，巴林石至少从唐宋以来就受到了人们的珍爱。

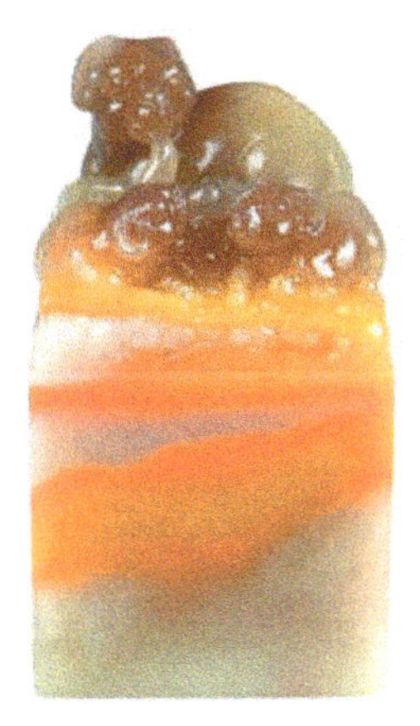

巴林石象钮方章

民国初年，矿物学家张守范曾到巴林进行考察，并命名巴林石为"林西石"。日军侵华时期，也曾抓劳工开采过当地的矿石，行动很诡秘，管理森严，劳工也不懂采的为何物，鸡血红和彩石矿脉都被开采过。20 世纪 70 年代初，地质部门前去考察，发现有遗留采坑多处，但规模很小。又，民间还流传，曾有南方人用骆驼驮走过巴林石。1973 年，正规开矿时，发现一个采洞内有点灯用的油碗、一只陈旧的鹿角、一把不是当地人所用的刀子、一座粗雕成型的佛像，这些现象表明，过去确有南方人前来探险和采石。另外，从巴林石采矿始，当地的三家雕刻厂也应运而生，至此，巴林石的利用便渐渐走上轨道。

地质矿床学的研究表明，巴林石的形成过程与昌化石十分近似。已知它也是由早期形成的火山喷出岩，在后期的热水溶液的作用下，率先转化为以高岭石、地开石等为主要组成的变质岩，即各种非鸡血石型的巴林石。然后，又在含汞热水溶液的作用下，形成了鸡血石。不过，与昌化石不同的是，形成巴林石的火山喷出岩虽然也有部分是由火山灰凝结而成的凝灰岩，但更多的是由岩浆直接凝固而成的流纹岩，而且其后期热水溶液的作用时间可能较长，这使它高岭石化和地开石化的程度较高、较彻底。人们已辨认出有先后四次的高岭石化和地开石化作用的叠加。而这正是巴林石具有比昌化石更好的"地"质的根本原因。另外，据研究，辰砂矿化的形成大约发生在第三次高岭石化和地开石化之后、第四次高岭石化和地开石化之前，所以在巴林鸡血石中既可看到辰砂（鸡血）成脉状穿插早期形成的高岭石和地开石，也可以看到有后期的高岭石或地开石呈脉状横切辰砂。在形成时间上，巴林鸡血石和昌化鸡血石的形成时间十分相近，也是在大约 1.4 亿年前晚侏罗纪时期。

（二）巴林石概况

据内蒙古自治区人民政府制定的　DB15/T325–1999《内蒙古自治区地方标准·巴林石》，巴林石被定义为："巴林石是天然珠宝玉石，属含水的铝硅酸盐类。是以高岭石、地开石为主的多种矿物组成的黏土岩（高岭石、地开石、水云母、伊利石等含水层状硅酸盐因广泛分布于各种黏土中，故在地质矿物学中把它们统称为'黏土矿物'，由其组成的岩石就叫黏土岩——笔者注），产于内蒙古自治区赤峰市巴林右旗。其主要化学成分为 Al_2O_3 和 SiO_2，其次含微量铁、锰、钛等氧化物，部分含较多的汞的硫化物，摩氏硬度为 2 ~ 4，密度为 2.4 ~ 2.7 g/cm³。按其颜色、质地、结构从不同角度可分为巴林鸡血石、巴林福黄石、巴林冻石、巴林彩石、巴林图案石等"。

从上述定义可知，巴林石在物质组成上除地开石外还含有较多的高岭石。高岭石和地开石在化学成分上是完全一样的，仅仅是在晶体结构方面略有差异。因此其基本物理化学性质与以地开石为主要组成的寿山石和昌化石并无明显的差别。只不过，由于巴林石的高岭石化和地开石化程度较昌化石为高，所以其"地"质的透明度一般优于昌化石，可有较多的冻地，较少见像昌化石那样的刚地和硬地。在硬度上，它也常常稍稍偏软。据大量实测，硬度的平均值为 2.42。

巴林石的物质组成除高岭石和地开石外，有的还可夹杂有叶蜡石和水云母，也有的含有微量的石英、明矾石和水铝石；此外，还见有黄铁矿

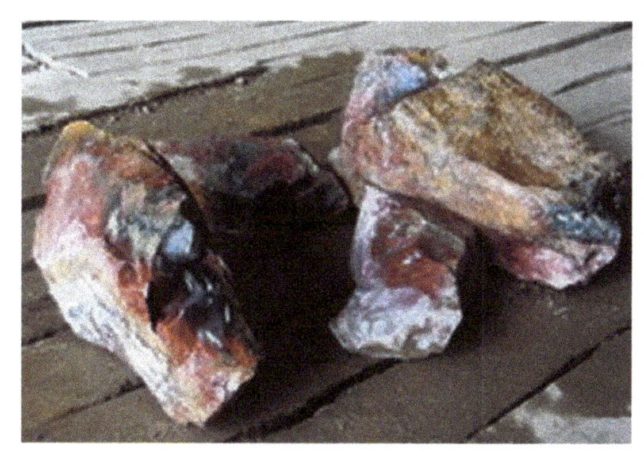
未加工的巴林石石料

的浸染，也见有赤铁矿或褐铁矿等。一些含辰砂的巴林石便构成为巴林鸡血石。

巴林石质地细腻，多具隐晶质或微晶质结构；在其化学组成中，除含微量铁、锰、钛外，还常含有多种更微量的其他元素，如钾、钠、钙、镁、铬、镍、铜、锌、铅等，这正是它具有丰富色彩的根本原因。其中最常见的有乳白、青灰、淡黄灰、浅绿、浅黄、浅粉、浅紫、黄褐、棕褐、黑褐、灰黑、橙黄、粉橙、朱红、霞红、翠绿、海蓝……而且常常在不大的范围内，多色交杂，构成美丽的花纹，形成为各种彩石或图案石。相对于昌化石而言，巴林石的汞矿化程度偏低一些。在大多数含汞矿石中，辰砂含量都低于 10%。有研究表明，鸡血石中辰砂含量百分比若低于 9%，血色不会很鲜艳，所以巴林鸡血石的血色往往不及昌化，这当是原因之一。另外，人们还发现，巴林鸡血石中的辰砂比昌化鸡血石中的辰砂有相对多一些的汞被铁或锌、镉所替换，硫部分地被碲、硒所替换，这应该也是巴林鸡血石所以比昌化鸡血石更易发生走血现象的原因。

总之，巴林石石质细腻，温润柔和，软硬适中，是最适于篆刻印章或雕刻精细工艺品的上乘石料，历来为中外友人所推崇。著名社会学家费孝通先生，曾掂量着手中的犀角冻鸡血图章激动地说："价值连

城"，遂题"宝玉天生"四个大字。巴林石还多次在国内外展会上获得很高的声誉，可说是誉满南北东西，几乎传遍世界，名扬四海，一直受到世人瞩目。人们还认为，巴林石具有丰富的文化内涵，它不仅涵盖着赤峰地区远古文明的红山文化，还蕴含有草原青铜文化、契丹辽文化和蒙元文化的深厚底蕴，并且也将以近代的精美石文化，在人类文明的发展史上留下重重的一抹。

（三）巴林鸡血石的特征

在各种巴林石中，巴林鸡血石无疑是最受人们青睐的石种。尤其是随着昌化鸡血石资源的日趋枯竭，巴林鸡血石已成为当今市场上鸡血石的主要来源。

与昌化鸡血石相比，巴林鸡血石与昌化鸡血石在物质组成上和基本物理化学性质上并无本质的差异。所以有关巴林鸡血石的基本物理

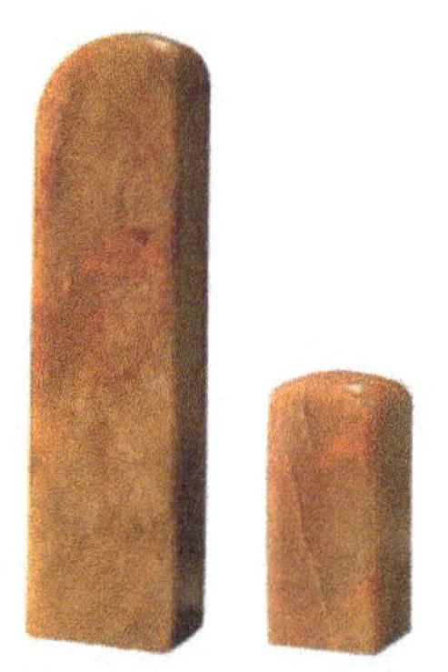

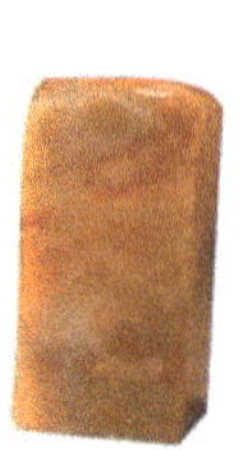

图中高的一方是昌化鸡血石，矮的一方是巴林鸡血石，相比之下可以看到，矮的一方地子较优，温润细腻，但它的血色稍浅，并有向周围扩散的感觉（据高山）

图中矮的一方是昌化鸡血石，高的一方是巴林鸡血石，相比之下也可以看到与上两方类似的现象，而且若用刀刻一下，会发现矮的腻糯，高的粉软（据高山）

化学性质，读者可参阅本书"昌化鸡血石的基本特征"一节中的相关叙述，这里不再重复。不过，由于两者在成矿过程上的某些差异，致使它们在"地"质上也表现出某些不同。一般地说，巴林石比昌化石相对更滋润、更细腻、少杂质和具较高的透明度及丰富的色彩，但在"血"的表现方面则逊色于昌化鸡血石，所以人们有"南血北地"之说。为便于了解，今将两者对比如下表。

	项　目	昌化鸡血石	巴林鸡血石
血	血色	正而浓艳，多鲜红	多偏暗或偏淡，色浅薄，少正红
	血形	多条带状、片状、团块状，常略具方向性	多棉絮状、星点状、云雾状
	浓度	血大多相对浓聚	血大多相对清散
	走血	相对不易，尤其水坑料不易	较易
	硒/汞比	较低 = $(0.0442 \sim 0.045) \times 10^{-6}$	较高 = $(0.0656 \sim 0.0746) \times 10^{-6}$
	碲/汞比	较低 = $(0.001447 \sim 0.0019) \times 10^{-6}$	较高 = $(0.05 \sim 0.059) \times 10^{-6}$
地	原岩	以凝灰质岩为主	以流纹质熔岩为主
	矿物组成	以地开石为主，时伴有明矾石和石英等	以高岭石和地开石为主，少见其他杂质矿物
	地色	较单调，并多青灰、浅黄、黄褐色	较丰富，有多种不同色彩，尤以翠绿、彩霞等为其所独有
	底质	冻地少，刚地、硬地常见，杂质多，常见有变余的凝灰结构和变余的角砾构造	多冻地、软地，少见刚地、硬地。很少见围岩的变余残砾
	呈像	相对单调，缺少美丽图案	常见丰富多彩、如诗如画的绚丽图案
	硬度	刚地、硬地除外，平均2.69	刚地、硬地除外，平均2.42
	韧性	较好，性棉，用小刀刮削，石屑呈渣状、刨花状	较差，性脆，用小刀刮削，石屑呈粉末状

当然，以上只是一种总体的比较，并不能完全反映个体之间可能存在的优劣差异。

（四）巴林鸡血石的主要品种

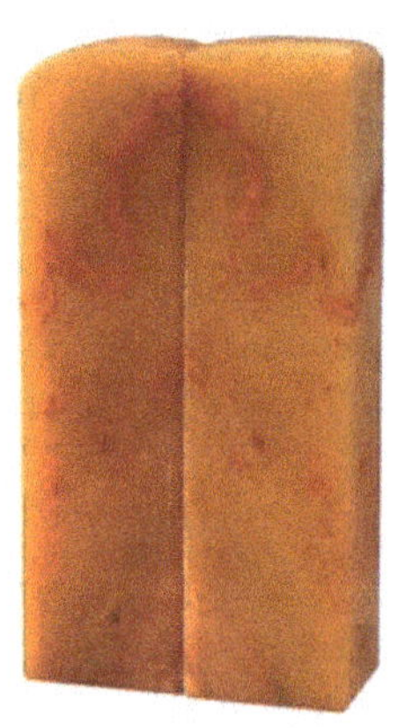

巴林黄鸡血石

由于质地、颜色、结构等的差异，巴林鸡血石也可分为许多不同的品种，其中有些品种的品名与昌化鸡血石十分类同。现择其重要者简介如下。

1. 黄冻鸡血石

黄冻即巴林黄，亦有人称其为"福黄石"。此品种冻石是巴林冻石家族中的佼佼者，尤其是在半透明状的鸡油黄的地子上，佐以纯正鲜艳的鸡血，极为醒目，是难得的鸡血石珍品。

2. 八九六

1989 年 6 月中旬巴林石矿西部矿脉出产了一批空前绝后的石材。这批石材中的鸡血石石质坚润，石性细腻，干净纯洁，具备了"温、润、细、腻、凝、结"的六德，且颜色艳丽，其"地"质以红、黄、白三色冻石为主；而血又红浓且艳，如瀑如泉，蜿蜒流淌，甚是壮观。总计不过三四千斤，后来收藏界的朋友都称这一批石材（不论有血没血）为"八九六"，被视为是巴林石中的极品。也就是说，八九六不是一个独立的品种名称，事实上在八九六中既有黄冻鸡血石，也有羊脂冻鸡血石，还有地子兼具黄白两色的所谓"金银红鸡血石"等。那些不含血的冻石，同样具有十分优良的品质。

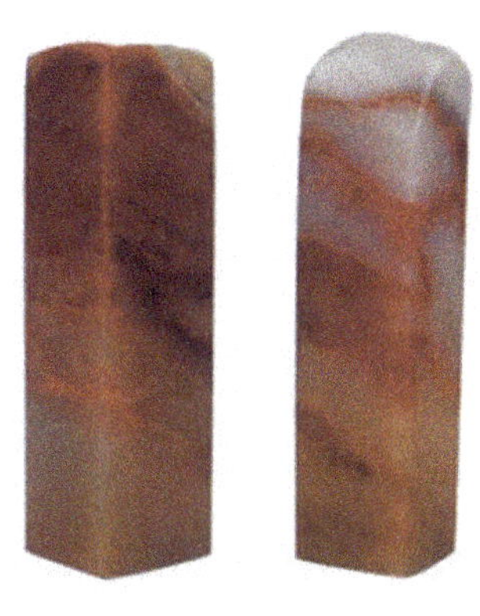

金银红鸡血石

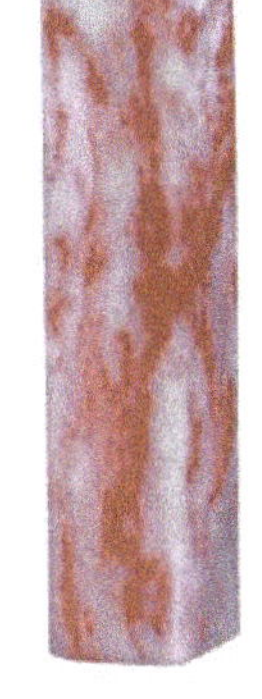
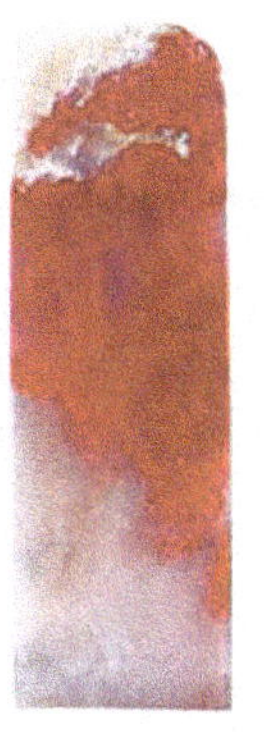

羊脂冻鸡血石

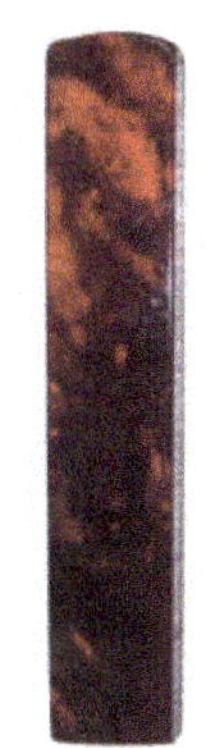

牛角冻鸡血石

3. 羊脂冻鸡血石

与昌化羊脂冻鸡血石相似，石质玉肌凝脂，入手心荡，是冻石中的上品。在极鲜嫩的地子上，又有鲜艳的血红色，白红相映，皓齿朱唇，十分宜人。

4. 牛角冻鸡血石

与昌化牛角冻鸡血石相似，地子颜色从灰黑色至棕黑色，或纯净无瑕，或带纹理，红色的血在深色的地子衬托下越发显得深沉热烈，形成一种很强烈的对比。

5. 刘关张鸡血石

与昌化刘关张鸡血石相似，也是巧借中国历史上三个人物的特征来予命名。其中黄色或白色代表刘备，红色代表关羽，黑色代表张飞。红为鸡血，黑为牛角冻，黄为巴林黄，其间不能有杂色。三色的分界要清晰，在石中所占比例不可过于悬殊。完全符合上述条件即为刘关张，就是珍品中的珍品了。若虽同具白、红、黑三色，但比例失当，则称"三彩红"鸡血石。

6. 灰冻鸡血石

此品种近似昌化石中的瓦灰地鸡血石，但地子的透明度稍好，为微透明，故呈明快的浅灰色至中灰色。以无其他杂质条纹者为佳，血色纯正者多为上品。但地佳血艳者少见，多见色浅或间有杂色条纹的下品。

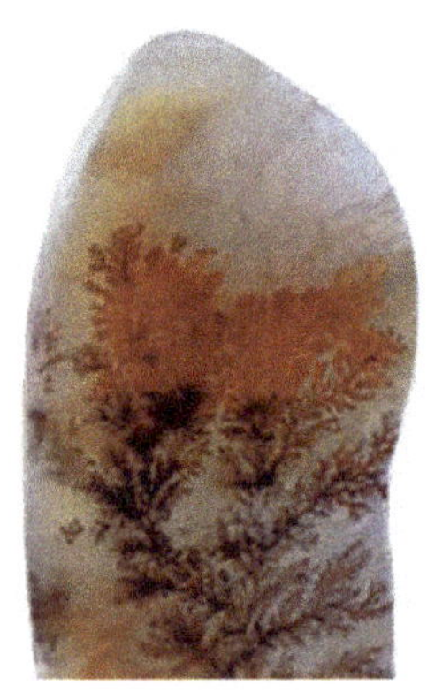

水草花鸡血石

7. 水草花鸡血石

具枝叶状如水草般的花纹，白地黑花佐以点点滴滴的血红，实为妙不可言。巴林鸡血石中此品种较为少见，尤其是地子润，水草花鲜明生动，血色鲜艳而分布匀称者，更为罕见。既是鸡血石品种中的上品，又是观赏美石的佳品。所谓"水草花"实为一种假化石，地质学中称其为"模树石"；在青田石中也见有类似品种，只是不含血而已，它们都是含铁锰质的气液沿裂隙活动沉析的产物。

8. 芙蓉冻鸡血石

芙蓉冻呈粉色或藕粉色，微透明至半透明，温润可爱。地色虽然与鸡血红反差较小，有喧宾夺主之嫌，但终因芙蓉冻本身就很珍贵，尽管有此美中不足，仍不失为珍贵品种。

9. 花生糕鸡血石

冻地中有黄、白色块状斑。块斑如同花生糖（糕）中被糖裹的花生，极富情趣。优劣以地子的块斑边缘整齐，特征明显，血色艳度来区分。此品种也少见，属难得之品种。

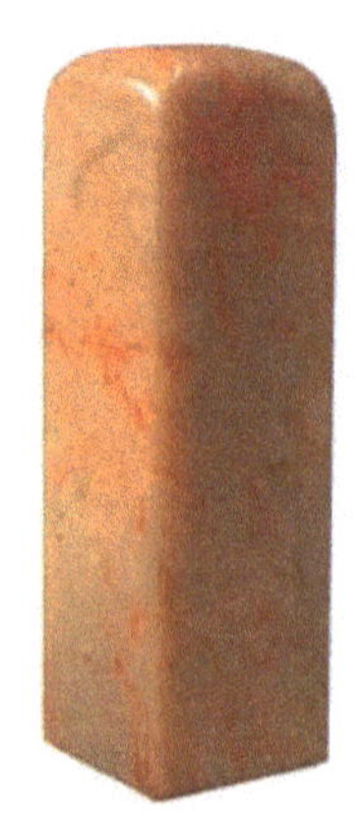

芙蓉冻鸡血石

10. 彩霞冻鸡血石

"彩霞冻"是巴林冻石中的名贵品种，其中部分彩霞冻中含有辰砂，称为"彩霞冻鸡血石"。它质地通灵，红霞映月，可谓锦上添花，分外妖娆，令人喜爱。此品种为昌化所无，唯巴林所独有，故实为难得的佳品。

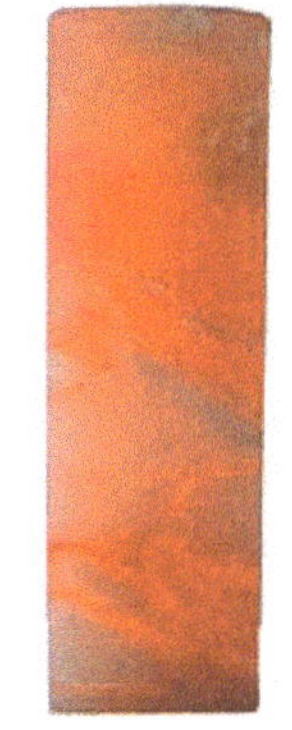
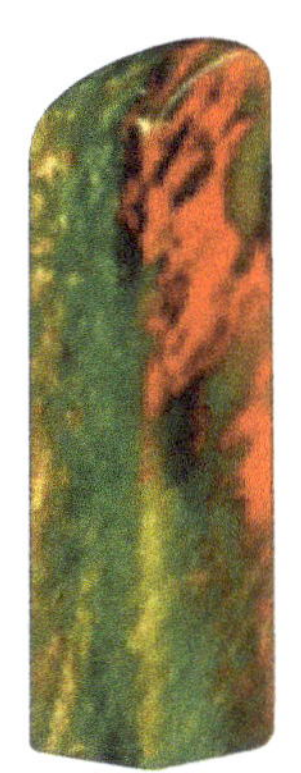
彩霞红鸡血石　　　翡翠红鸡血石

11. 翡翠红鸡血石

巴林鸡血石中独有的品种。以地子具有绿色为特征。最好的情况下，地色可酷似翡翠，配以艳红的血，格外醒目，靓丽可人，是巴林鸡血石中罕见的品种，并以地色越近似翡翠的翠绿色，价值越高。

12. 瓷白鸡血石

地子白而干且不透明，与鸡血红色对比虽鲜明，但整体感觉呆滞，缺少活力，缺少灵性，干燥艰涩，血部分易褪色，是鸡血石中的下品。

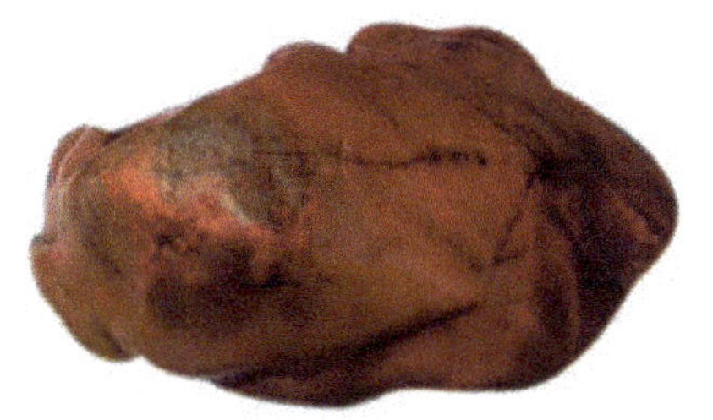
红花鸡血石

13. 红花鸡血石

地子呈红色，不透明至微透明，与鸡血红色的反差很小，形成"地子吃血"状态，使血色含混不清。此品种的质量越好，越令人惋惜。一般说来，收藏价值不大。

14. 紫鸡血石

巴林鸡血石中的一个新品种。1986 年被开采出来。所谓"紫鸡血"

乃黑辰砂所致（实为已"走血"的结果）。黑辰砂分布在石的肌理之间，形成紫红色的花纹。巴林"紫鸡血"与传统的巴林鸡血石不一样，有较强的抗紫外线的能力。传统鸡血石经日照半年后，平均有 60% 的鸡血石都有程度不同的褪色现象，很少有经紫外线或日光照射后仍鲜红如初的。相对来说，紫鸡血石的化学性质和色泽都比较稳定，产量亦比红色的巴林鸡血石少得多。又石质相当细腻，以刀试之，超过其他色彩的佳质巴林石章，可以纵横驰骋，随心所欲。

巴林鸡血石还有许多不同名称的品种，它们多以地的颜色或特征来命名，如白絮红鸡血石、彩链红鸡血石、鱼子红鸡血石、水墨红鸡血石等，限于篇幅，不再一一叙述。

关于巴林鸡血石的优劣评价，读者仍可按照前面已经谈到的，在评价昌化鸡血石时所考虑的那些因素来进行，也即分别从血和地的两方面着手，并以血色、血量、浓度和血形为主要考察对象。另外，在巴林，人们还曾把鸡血石品质的优劣分为四个品级：

极品级：血色为朱砂红，地为牛角冻或彩霞红，无钉无绺，最为理想。除这两种外，任何色相冻石，只要血色够朱砂红，地子纯净无杂，也可列入此品级。

上品级：血色鲜红，血面大或血线宽厚，地为较干净的彩石，无钉无绺。其中，血色部分有内黄光的称为金片，内白光的称为银片，这样的鸡血红属于上品。

中品级：一是具备上品的条件，但有少量的钉和绺；二是血色面积小，血色尚好者；三是血色稍暗，地为冻石者。

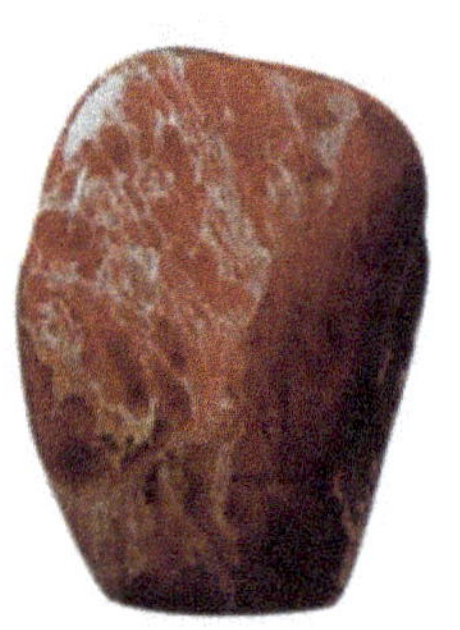

白絮红鸡血石

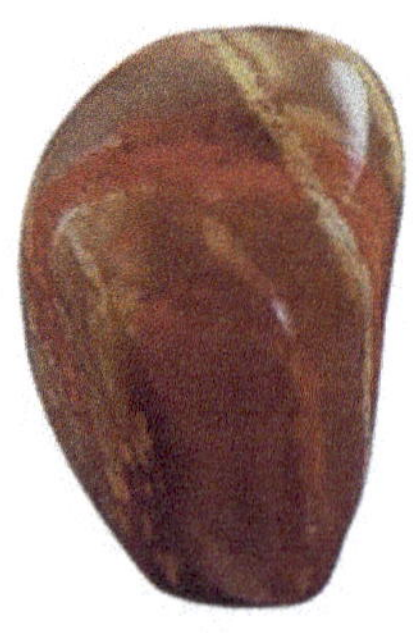

彩链红鸡血石

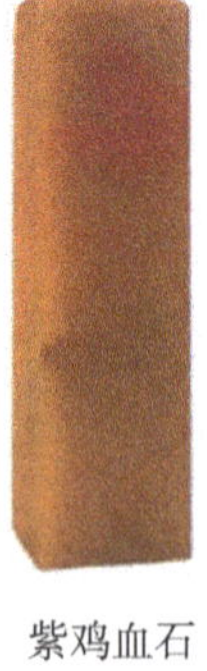

紫鸡血石

下品级：血色老而发紫，血的面积极小，地子杂乱无章者。再次者为下下品。

以上的品级划分显然比较粗糙，但也相对简便，可作为一般性评价的参考。

（五）其他巴林石概述

除巴林鸡血石外，巴林石还可分为巴林福黄石、巴林冻石、巴林彩石和巴林图案石。现分述之。

1. 福黄石

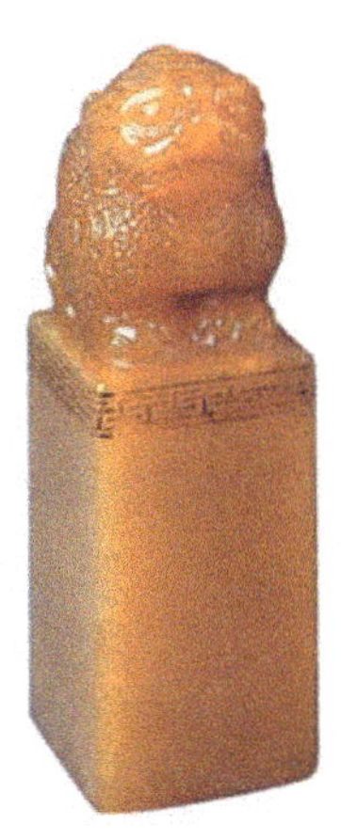

福黄石章

这是巴林石中一种十分优良的品种，人们认为其优质者堪与寿山田黄石媲美，因而也有人称其为"巴林田黄"。据说，该品种最初发现于 1983 年冬。当时采石班班长刘福在露采矿坑底部发掘到了一窝黄澄澄的冻石，令经验丰富的刘福激动不已。但这时周围的冷水不断涌入，坑壁碎石不时坠落，在既无排水设备，又面临随时有塌方危险的情况下，刘福硬是不顾塞外刺骨寒冷的冰水，自己站在坑底通过快速传递的方式，抢救这罕见的优质石料。就在他冻得双腿抽筋，被同伴们拉上来之际，只听"轰隆"一声，石壁塌了下来，埋住了矿坑。刘福虽然侥幸保住了性命，但由于长时间在冻水中作业，终于发展成全身瘫痪，失去了劳动能力。为了纪念刘福舍身抢石的壮举，人们遂将该石命名为"福黄石"。

福黄石呈橘黄色、金黄色或鸡油黄色，且石质细腻、呈半透明冻状，部分还有类似田黄石那样的"萝卜纹"和冻纹，与田黄相比，毫不逊色，因此被视为巴林石的极品。续后的研究，人们发现福黄石的矿物组成稍不同于其他巴林石。它以水铝石为主，地开石为副，并常有褐铁矿的渗染。目前，人们把福黄石单独从冻石中划分出来，另列一类；除了刘福抢掘出来的那窝福黄石外，还把巴林石中凡主体呈黄色且微透明或半透明者全归入此类，并根据其色泽的差异分出：黄中黄、蜜蜡黄、鸡油黄、水淡黄、流沙黄、虎皮黄等品种。就其品质而言，可分为两个等级。

（1）极品级

以最初发现的福黄石为代表，有些书刊上又称之为"巴林黄"。其质地与田黄相比，毫不逊色；其实，人们在评价巴林石的优劣时曾提出"六德三贱"之说。"六德"与寿山石的六德"细、结、润、腻、温、凝"基本相同。作为极品级的福黄石，它应该是具有"六德"而没有"三贱"的。颜色则以美丽的鸡油黄色为主。此品级的石料现已许久没有再产出。

（2）上品级

此品级质地细腻，肌里透明清晰，通体为黄色，隐现纤细的水痕，且坚而不脆、软而不松，色泽高贵端庄，形体玲珑剔透。颜色主要是蜜蜡黄、水淡黄，以及其他色泽纯正、图案优美、意境较佳者，均属上品。其他虽有黄色地子的品种，或因质地不够纯净，或因黄色的面积太小，形成不了主色，都不能划入福黄石的范畴。

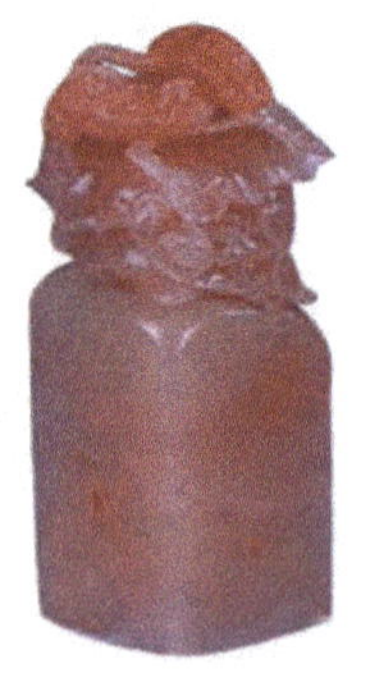
巴林芙蓉冻

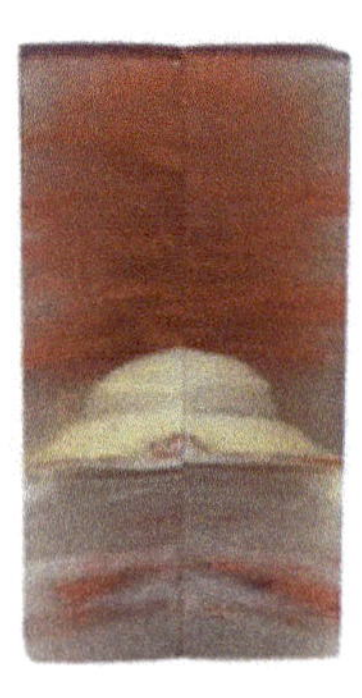
巴林彩霞冻

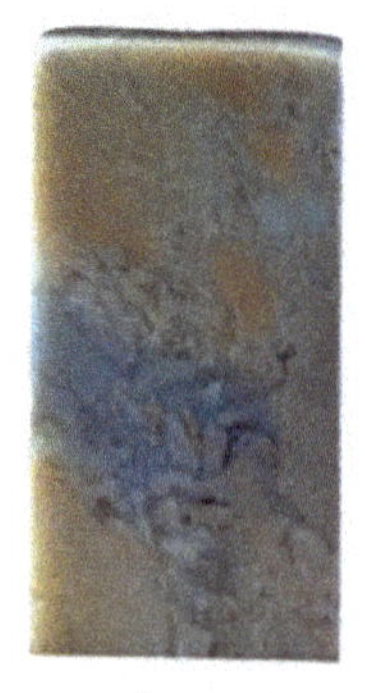
巴林天蓝冻

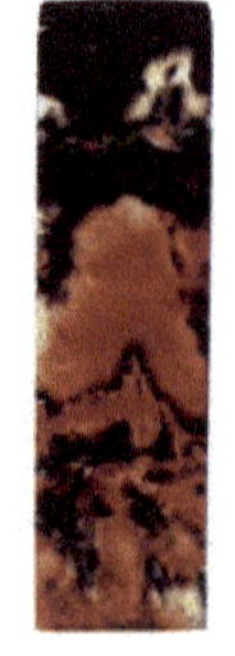
巴林胭脂红三彩冻

2. 巴林冻石

凡巴林石中透明度较好，即具有亚透明到微透明，不含辰砂，也不具有以黄色为主的地子者，均划属此类。它们是巴林石中产量最丰、品种最多的一类。按颜色、透明度、结构构造等特征的不同可分为许多不同的品种。其中尤其是艳如彩霞的彩霞红，被誉为巴林石中的绝品，并与鸡血红和福黄石并立为巴林石中的"三宝"。另外，莲花冻和白玉白，则被称为巴林石中的"两珍"。莲花冻质地晶莹，颜色粉嫩，似乎吹弹得破，入手使人心荡。白玉白质感极似白玉中的优质白玉——羊脂玉，且巴林石中白冻极为罕见，白玉白则是白冻中的最佳者。除上述巴林石的"三宝两珍"外，柏叶冻和烛光红也是巴林石中的稀品。其他如羊脂冻、桃花冻、芙蓉冻、牛角冻、水晶冻、玛瑙冻、五彩冻、藕粉冻、鱼子冻等均是著名的品种。它们大多在质地上可与巴林鸡血石中某些品种的"冻地"相对应。

巴林冻石根据其品质的差异，人们将其分为四个等级。

（1）极品级

凡冻石中具有能让人拍案叫绝的惟妙惟肖画面者，或具有面积较大的蓝、绿颜色（巴林石颜色丰富，人们对其颜色有"蓝绿为绝，红黄为贵，五彩为奇"的评说），且颜色正而不邪、质地纯净、透明度较高、无绺裂、块度适中者，都可划入极品级。

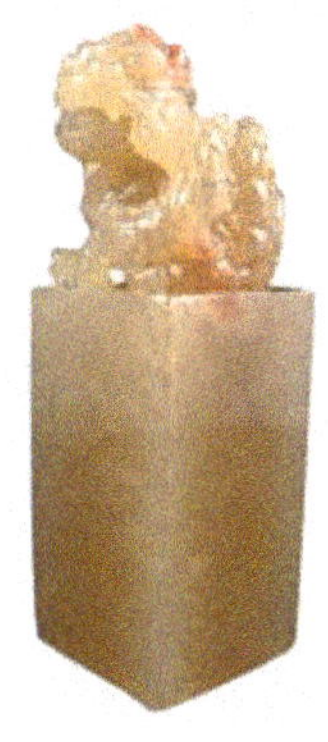

巴林藕粉冻

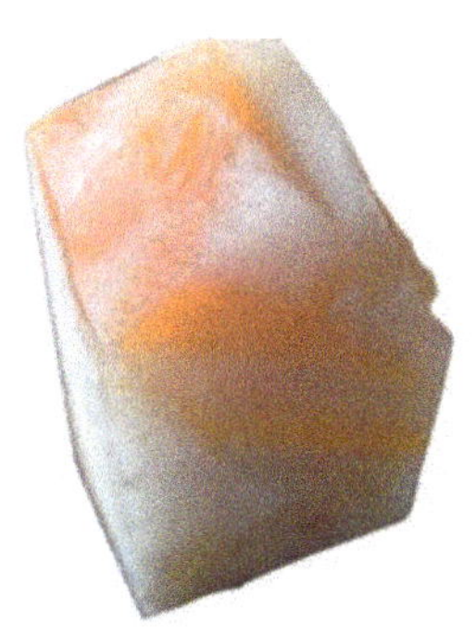

巴林白玉地玛瑙冻

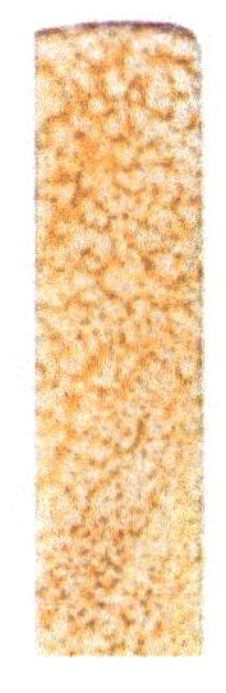

巴林鱼子冻

（2）上品级

凡冻石中质地细腻、透明度较高、肌里清晰非常纯净、不含杂质、色泽纯正、浓淡宜人、石质不干不燥、易于受刀、不含钉绺者为上品。如较典型的有：水晶冻、玫瑰冻、芙蓉冻、牛角冻、羊脂冻、桃花冻、墨玉冻等。

（3）中品级

凡冻石中质地透明度稍差、纹理不够清晰、颜色单一但欠纯正，或颜色多样但欠鲜明、稍含钉绺，或有些裂纹但不影响质量、块度有一定选择余地者为中品。

（4）下品级

凡冻石中自身品质较差，绺裂较多，透明度较差，颜色不够鲜明者为下品。

3. 巴林彩石

凡巴林石中具有丰富的绚丽多姿的色彩，但质地很干、不透明的石料，归入此类。也就是说，此类石料与其他巴林石相比，以不透明和色彩丰富为特征。属于此类的较著名品种有：石榴红、红花石、黄花石、黑花石、紫云石、银地金花、朱砂红、象牙白等。它们有的也可以与巴林鸡血石中某些软地和刚地品种相对应。和冻石一样，人们也将它分为四个品级：

（1）极品级

凡彩石中具有绚丽图案、画面线条清晰、形象逼真、色泽纯正，且质地对色彩衬托得当、块度适中者，可划入极品级。

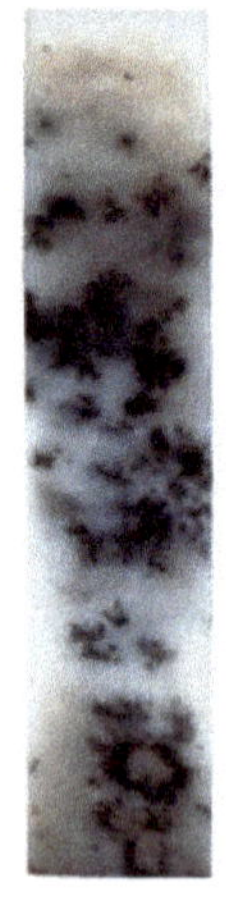

巴林黑花石

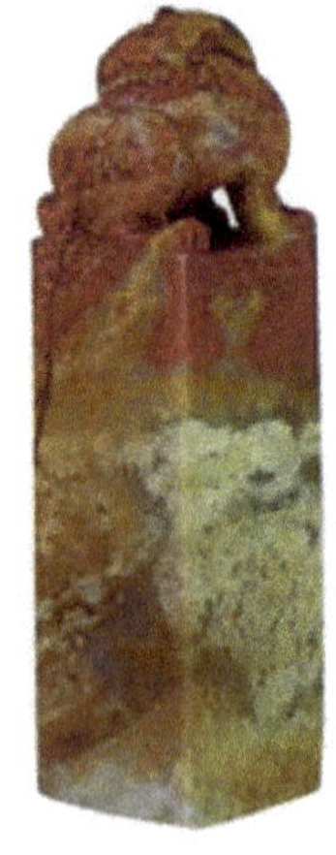

巴林红花石

（2）上品级

可有两种，一种是自身带有各种线条或斑块者，如满天星、豹子点、红花石、紫云石等；还有一种是通体一色，不含其他杂色，或虽然是两种以上的颜色，但颜色之间界线分明、比例协调，而且色泽纯正、硬度适中、没有砂钉、块度适中者，划入上品级。

（3）中品级

凡彩石中整体以一种颜色为主，但颜色不够纯正，带有其他颜色，而且不成比例，石面略显杂乱、不够协调者，划入中品级。

（4）下品级

凡彩石中色泽不正、绺裂较多、块度不够者，属下品级。

4. 巴林图案石

凡巴林石中，不论其质地、色彩如何，只要具有能让人细细品味，或形象逼真或意境深远的图案，再或具有特殊造型者都属于此类。由于此类石料大多石质不佳，或即使石质较好也通常不用作印章石而只用于观赏，故又称巴林观赏石。其实，巴林图案石与上述的巴林冻石和巴林彩石

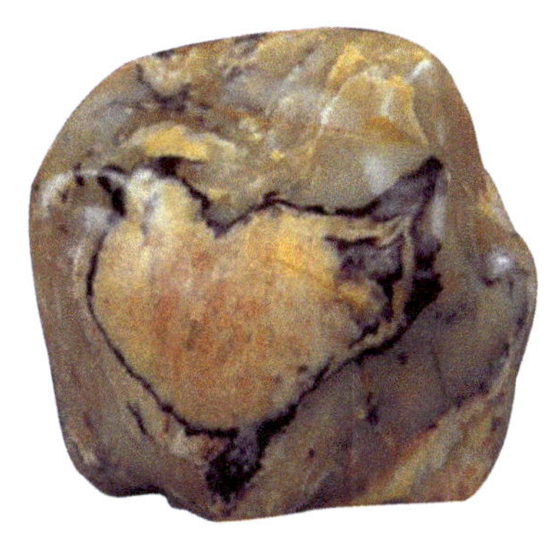

巴林图案石——金鸡独立

之间并无严格的分类界线，在巴林冻石和巴林彩石中也不乏具有类似的能让人浮想联翩图案者，只是最终的使用价值不同而被划入不同的分类里。

巴林图案石一般也不再作更细的品种划分。这是因为从观赏的角度来说，它们每一块有各自不同的特点，而且可以说几乎都是独一无二的，故其品质的优劣、价值的高低，与石质的好坏关系并不密切，更主要是决定于其图案的欣赏价值、其逼真的程度和块度的大小。

（六）巴林石的收藏要点

最后，让我们来简要地归纳一下收藏巴林石要注意的几个问题。

1. 把握好巴林石收藏的契机

首先要指出，纵观巴林石的发展史，我们不难看到虽然它已有8 000多年的利用史，但真正投入规模性开发，仅仅是从20世纪70年代才开始。在经历这短短30多年的时间里，巴林石从原本默默无闻的小辈，一跃成为与历史悠久的寿山石、青田石、昌化石齐名并列的中国四大名石。这就足见其魅力之所在。特别是当其他三种历史悠久的名石，面临资源日见短缺的情况下，给巴林石的崛起创造了良好的条件，市场占有率正因此而步步升高。与此几乎同步的是，巴林石的市场售价也在稳步地增长，这就为印石爱好者们提供了一个良好的收藏契机。具体情况简述如下。

和昌化石一样，在各种巴林石中，巴林鸡血石一直最受人们的青睐，是人们收藏巴林石的主要对象。但巴林鸡血石的一个明显缺陷是它更易发生走血现象，因此收藏巴林鸡血石要注意的是；①由于鸡血石的价格与"血"的好坏关系密切，所以不要用购买昌化鸡血石的价格去购买巴林鸡血石。②鉴于巴林鸡血石易于走血的特点，因此要格外注意巴林鸡血石的保管和收藏，切忌让它经常曝光，也要避免环境中的高温。如果不幸发生了走血，其处理的方法与昌化鸡血石相同。

还有，在巴林，除了巴林鸡血石外，巴林福黄石和一些巴林冻石也具有很高的收藏价值。尤其是与鸡血石、福黄石合称"巴林三宝"的彩霞红，还有"巴林两珍"之称的莲花冻和白玉白，都是良好的收藏对象。除此之外，一些甚为罕见的蓝色和绿色品种，也应该具有可以预期的收藏前景；甚至那些石质虽然不佳，但以具有能让人浮想联翩的巴林图案石，只要它的图案奇得奥妙或寓意深远，也会有良好的收藏回报。

2. 重视鉴别各种仿冒品和做伪品

和昌化鸡血石一样，巴林鸡血石也常见有各种仿冒品。鉴别这些假冒伪劣制品的方法，已在前面昌化鸡血石中有过详细介绍，这里不再赘述。有巴林田黄之称的巴林福黄石，也具有不菲的身价。利之所在，难免使一些心术不正之徒要动它的歪脑筋。虽然迄今没有看到和听到有巴林福黄石的仿冒品和经人工做伪处理的制品，但这很可能仅仅是由于笔者的少见寡闻。从常理推测，市场上应该会有经人工作伪的赝品，所以有兴趣收藏福黄石的爱好者必须给予高度的警惕。

巴林蓝天冻

笔者推测，最可能出现的福黄石仿冒品，是用塑料仿制的。要鉴别这种仿冒品，应该说比较容易。它会具有所有塑料仿制品的共性，即相对密度较低，手掂会感觉偏轻；刀刻会感觉施刀不畅，有黏滞感。再一种可能的仿冒品，是用类似石料染色制成的。要鉴别这种染色品会有一定的难度，肉眼大多很难识别，只有在显微镜下也许可以看到染色剂沿微裂隙分布的染色现象。总之，为了保险起见，在你决定掏钱收购福黄石之前，最好还是请有资质的鉴定机构作一番详细鉴定为好。

3. 尽可能收集各个不同品种

收藏巴林石，若是为了满足自己个人的喜好，纯粹为了观赏，则不妨尽可能地收集各个不同的品种。但如果你还希望通过收藏来取得一定收益，那么，应该把注意力集中在那些较罕见和较名贵的品种上。和其他各种宝玉石一样，今天价值越高的品种，未来的涨幅也会越大。如据报道，巴林石中的一些低档品种，比如用机器加工的龙凤对章，1985 年卖 60 元，现在也没有超过 100 元。但是一块刘关张类的巴林石因曾入选介绍巴林石的有关出版物，其 1997 年以前的价格是 3.6 万元，1997 年涨到 12 万元，现在的市场价是百万元。其涨幅之大，令人咋舌！

寿山石、青田石、昌化石和巴林石被誉为我国的四大印石，但它们绝不是印石的全部。事实上，我国还有多种其他品种的印石，它们也大多以其产地来命名。虽然它们总的说来不太为人所知，但其中也有一些值得我们给予必要的关注。

（一）广绿石

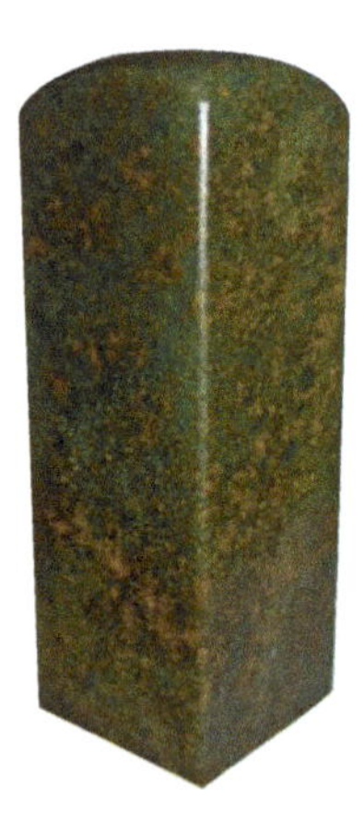

绿海金星

广绿石，又称"广绿玉"和"广东绿"。是产于我国广东省广宁县的一种绢云母岩。曾被人誉为可与寿山石、巴林石、青田石和昌化石并列的五大名石之一。

广绿石蕴藏于广宁县木格和清桂的五指山一带。早在明末清初时，已是有名的贡品。日本侵华时期，曾在五指山之南开采，用以制作图章和简单的工艺品，引起中外艺人的注意。日本文房书道权威宇野雪村所著的《文房古玩事典》中记载："广东绿产自广宁，有纯绿与茶黄色交错。广东绿、广宁冻在日本有很高的评价"。另一日本人少林德太郎在《增补图说石印材》中写道："田黄、鸡血石、广东绿为稀品珍品石中的同一品位"。我国著名学者赵朴初先生也曾给它题词"石中瑰宝广东绿"。

广绿石的储量非常丰富，分布面积达 10 平方千米。1987 年广东省地质矿产局做过为期 3 个月的勘探，证明南北两条矿脉带共储藏广绿石 11 615 吨，另尚有多条矿脉未作详细勘探，估计总储量超过 20 万吨。

在物质组成上，广绿石主要由绢云母构成，另含不定量的石英、白云母及少量的电气石、磷灰石、金红石、白钛石等；具微晶鳞片结构和不等粒变晶结构（夹杂的石英常呈肉眼可见的斑晶产出）；致密块状构造、斑杂状构造或斑点状构造。通常呈蜡状光泽，也有珍珠光泽和丝绢光泽；半透明到不透明。硬度一般为 2.5 ~ 3，含石英等较多时硬度增加，相对密度 2.7 ~ 3.2，有滑感。

广绿石质地细腻，温润如玉，色泽丰富优美，除有各种深浅不同的绿色外，也有黄、红、白、灰、黑诸色。根据颜色和花纹又给予不同的名称，如翠绿色称"碧翠"，白中带绿称"丛林积雪"，黄中带绿称"黄玫瑰"，黄中带红称"秋景"，绿中带金黄色星点称"绿海金星"或"金星绿"，白中带有绿色条纹称"绿海云天"，以及"翡翠绿""鸭屎绿""五花绿""竹叶青""掘性黄白石""黑白石""黄黑石""黑石""白石""白菜冻石""溪蛋石"等众多品名。此外，呈牛角色、具微透明、状似鱼冻者，被称为"广绿冻"。在这些品种中以碧翠、翡翠绿、绿海金星、丛林积雪、秋景和黄玫瑰较为稀少而名贵。

在地质构造上，广绿石通常呈脉状产于花岗岩质岩石的

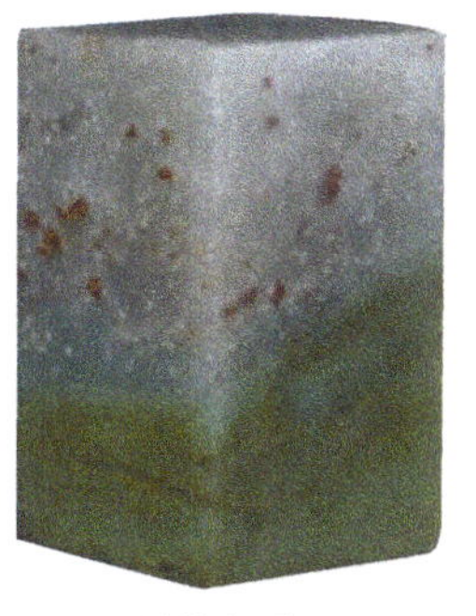
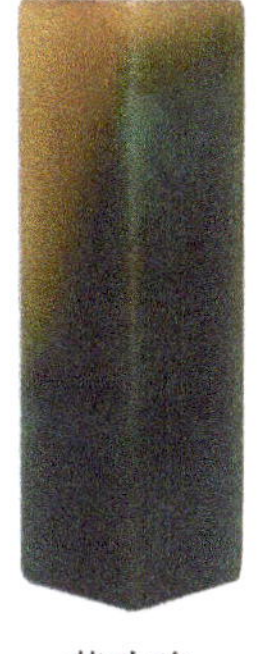

丛林积雪　　　　黄玫瑰

裂隙中，是花岗岩质岩石在后期热水溶液的作用下，发生一系列变质作用的产物。但由于变质作用的不彻底性，致使形成的广绿石常或多或少地包含有原岩的未变质或半变质的残余和石英颗粒，从而影响了广绿石的石质。而这正是它未能跻身名贵印石之列的主要原因。

（二）长白石

长白石，又称"长白玉""马鹿玉""长白五彩石"。系因产于吉林省长白县马鹿沟一带而得名。据文献记载："宣统元年（1909 年）秋，置内僚属闲游距长白府（长白县古称长白府）五里的马鹿山下拾得一小方石，视之莹然，磋为章，坚而丽，掌之摩之，雕之篆之，可珍可玩。"几年后，采石者闻讯蜂拥而至，治安混乱，以至官府出面封禁，把采坑填平。若干年后，又有人进行开采，但规模均较小。改革开放以来，为发展地方经济，当地政府始组织系统的开发工作。

长白石矿体产于侏罗纪的火山岩之中。在物质组成上，长白石的主要成分是高岭石或地开石，也含一定量的叶蜡石、明矾石、绢云母和绿泥石及少量的石英等硬矿物，偶尔还有星点状的黄铁矿、褐铁矿。其中石英等形成为石中的"石钉"，铁质矿物则成为"铁钉"。长白石通常具致密隐晶或微晶结构。

长白石色彩丰富，有白、绿、灰绿、黄绿、黄、橘黄、青、蓝、灰蓝、深褐、褐、红、紫红等色，蜡状光泽或油脂光泽，微透明至半透明，极少数透明。折射率 1.56 ～ 1.60。硬度 2 ～ 2.5，断口贝壳状，相对密度 2.0 ～ 2.80。质地致密、细腻、坚韧、光洁。因各色混生，致其纹饰秀丽，有卷纹、流纹、龟纹、蟒纹、流霞纹等，从而构成多

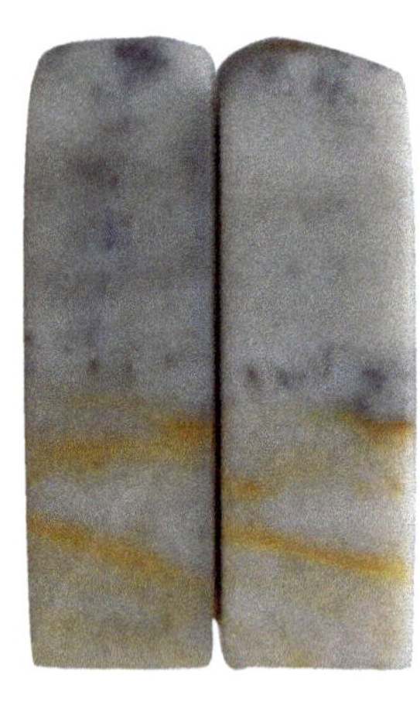

长白石

种品种。按长白石的色泽、透明度、质地等方面的差异，可以将其分
为两类：

1. 长白印石

指光泽较弱、透明度较差、质地致密坚韧的普通长白石。其物质
组成以高岭石为主。此类石料，花色繁多，纹理多样，构成了难以数
计的各种品种。目前能叫出名字的已逾百种，各具特色；其中以质地
细腻、坚韧光洁、色彩宜人、花纹奇特为佳，较著名的有长白根、长
白兰、地图石、翡翠花斑、高粱红、兰花青田等。

2. 长白冻石

指光泽强、透明度高、质地致密细腻而坚韧光洁、外观似"肉冻"
状的长白石。其物质组成以地开石为主。冻石，颜色俊俏，花纹奇特
而美丽，十分罕见和珍贵。其中偶有透明的晶状石，多呈灰蓝诸色，
但质材较小，一侧还偶有小米粒大小的晶状物分布；无花纹者则莹润
细腻、颜色纯正、坚韧光洁。冻石中较名贵的品种有白墨、长白绿冻、
长白灯光冻、蓝天冻、白芙蓉、艾叶绿、虎皮冻等。

（三）莱州石

莱州石，又称"莱州玉"。是一种产于山东省掖县（古属莱州）
的一种绿至黑绿色的以绿泥石为主要组成的彩石。因其色绿和似冻
状，又有"绿冻石"之称。还因其质软似滑石，又被误称为"绿滑
石"。其实，在其组成矿物中，斜绿泥石占 70% ～ 90%，叶绿泥石为
10% ～ 20%，滑石仅有 5% ～ 10%，以及少量的铁质。莱州玉质地细
腻，为隐晶质，有滑感，蜡状光泽，不透明至微透明。硬度 1 ～ 2.5，
相对密度 2.65 ～ 2.78。除绿色外，也见有墨蓝、灰色，浅绿、墨绿、
黄色、白色等，有的两色或三色相间，有的花色斑斓；其石质白者晶

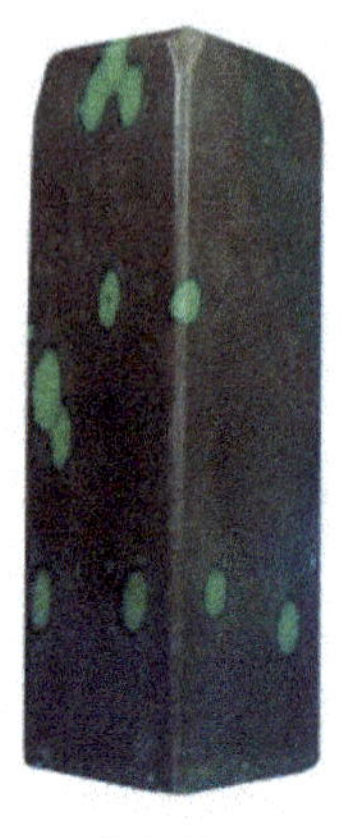

紫花绿斑

莹，绿者透碧，佳者光润似玉。矿石呈扁豆状、透镜状、似层状、枣核状、不规则状分布于6亿多年前的元古界变质地层中，与菱镁矿、滑石伴生，同白云石大理岩和片岩呈互层产出。所以广义的莱州石中也确实包含有一些以滑石为主要成分的品种。

莱州石，除代表品种绿冻石质地柔润细腻、色泽翠绿如冻、晶莹似玉外，还有漆黑如炭的"乌玉石"，花纹酷似豹斑的"豹斑石""流云石""竹叶青石"以及"银河布星"等品种。

另外，黑山一带特产有一种石质特别细腻的"毛公石"。原石为赭褐色拳形石蛋，散藏于黏土中，小者盈寸，大者似拳；去除表皮后，其色彩典雅，有墨蓝、斑绿、斑黄、蓝灰、墨青等色，尤其墨蓝者，鲜亮沉稳的墨色中尽透幽幽蓝韵，更受人们喜爱。该石质地细润、结构紧密、软硬适度，宜于篆刻运刀，并以质地纯净、颜色均匀为佳，是镌刻各类图章的上等原料，惜产量极少。"毛公石"之称，系纪念明代的一位历史名人、大学士毛纪。当年毛纪被朝廷贬谪归里后，曾对莱州玉雕刻技法的改革有过特殊贡献，后又长眠于黑山的阳坡，故人们就以他来命名该地所产的石料。

莱州石的利用，可追溯到宋代。在当地一些宋代的墓葬中曾发掘到用莱州石制作的随葬品，如百食罐、长明灯盏等。但长期来它都是零星的采掘，从未有过规模化生产。至清末民初，莱州市内的雕刻作坊只有两家，各有工匠一二人。20世纪50年代初期，国家开始勘探开发粉子山菱镁矿和西青山滑石矿，埋在深层的优质莱州石被挖出地面。1958年，莱州（时称掖县）建起了雕刻厂，一大批技艺精湛的玉雕艺人被汇聚起来，优选材料，设计造型，雕刻技术都辟专门科室进行研究，玉雕品迅速发展到100多个品种、数千种花样。作为齐鲁大地雕刻业中的一支主要队伍，雕刻厂年年派人携玉雕样品参加广交会，其产品已销往亚、欧、美三大洲20多个国家和地区，受到普遍赞誉。

随之，各乡镇村庄纷纷建立雕刻厂，先后几年的时间，莱州市涌现出了专事莱州玉雕的作坊近百个，从业人员数以千计。其作品既有价值连城的宏构巨制，也有巧夺天工的精妙创作，如玉雕品《二龙戏珠》《月季斗艳》《松鹤延年》等。其选料、造型、

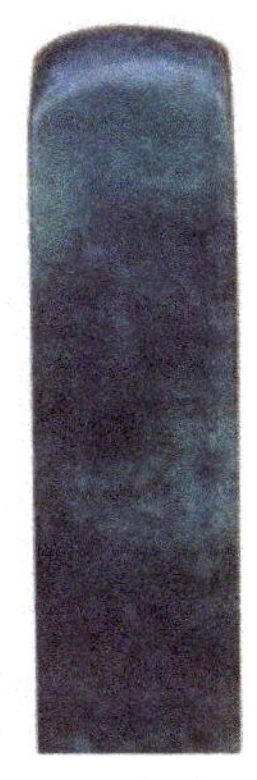
毛公石

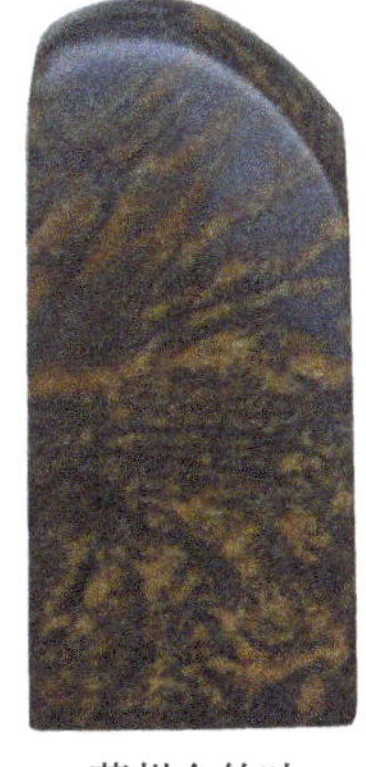
莱州金竹叶

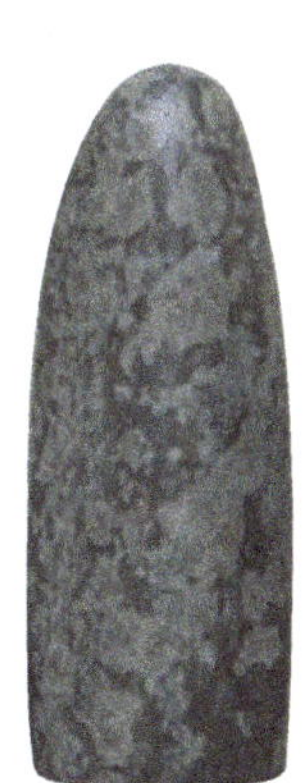
莱州豹斑石

技法、情趣，无不自然天成，堪称玉雕艺术中的瑰宝。

不过，莱州石因通常含滑石较多，硬度明显偏软，业界对其有"粉石"之称（用指甲压刻石之边棱，立见粉印）。清谢堃在《金石琐碎》中评论说："山东莱州所产，状似青田冻，而质腐烂不堪入刀"，是其主要缺陷。

最后，还要指出，近些年来，市场上频频发现有用黄色（有的是天然色，有的是人工染色）的绿泥石质石料来冒充田黄的制品。它们很可能就是来自莱州石。关于它们的鉴别，已在"常见的田石仿冒品"

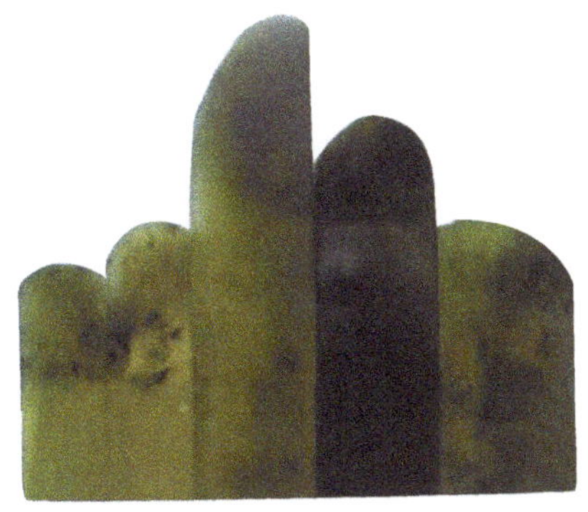
莱州绿冻石

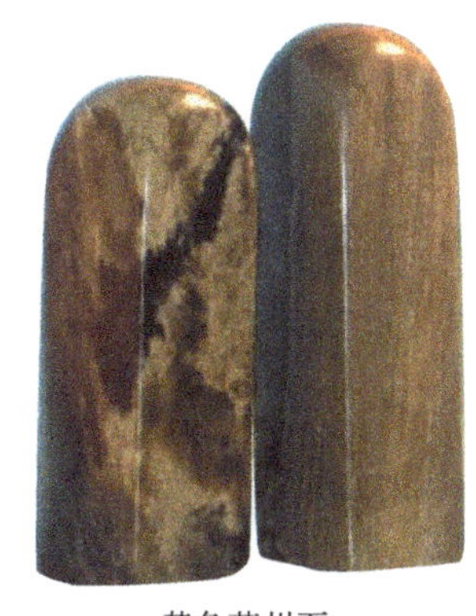
黄色莱州石

文中有过介绍，这里不再赘述。当然用其来冒充田黄是不可取的欺诈行为，但这也在一定程度上表明，它们之中可以有一些具有相对较优的近似于田黄的品质，值得人们予以关注。

（四）东兴石

东兴石，一种产于广西壮族自治区防城港市东兴（原为县）扶隆乡的工艺石料。

在地质构造上，它呈脉状、透镜状产于火山流纹斑岩和沉积砂岩的破裂带中，矿脉厚度变化较大，从 0.1 米到几米，矿脉延长达 1 300 米。

东兴石的物质组成比较复杂，主要由绢云母、叶蜡石、高岭石、白云母（水白云母）等组成，次为绿泥石、硬水铝石、托帕石、磷酸盐矿物、石英等。根据其矿物组成的不同，可划分为 7 种类型：

（1）叶蜡石、绢云母、高岭石为主，含绿泥石型，通常呈浅红到紫红色。

（2）高岭石、绢云母为主，含托帕石型，通常呈棕黄或浅黄色。

（3）以绢云母为主，含高岭石、叶蜡石、白云母（水白云母）型，常呈浅黄白色。

（4）绢（白）云母为主，含高岭石、硬水铝石型，常呈浅黄绿色。

（5）绢（白）云母为主，含磷酸盐矿物型，常呈灰白色。

（6）绢（白）云母型，多呈白到灰白色。

（7）叶蜡石化石英砂岩型。

上述 7 种中以前 4 种的石质相对较好，第 7 种品质最差。

总的说来，东兴石质地致密、细腻，颜色有绿、淡绿、浅红、紫红、黄、浅黄、灰白和白等色，但以白和灰白为主；蜡状光泽到玻璃光泽，

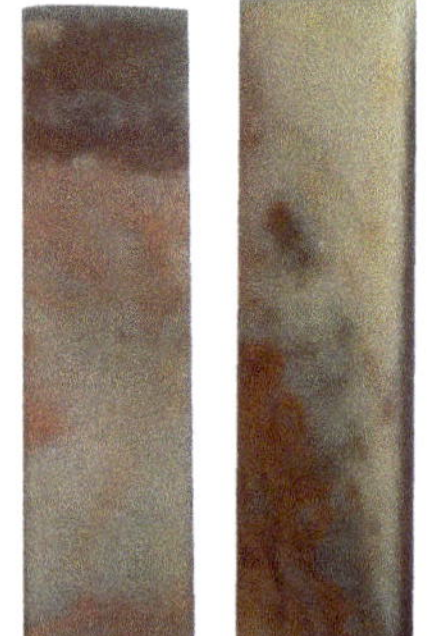
优质东兴石

微透明至不透明。硬度稍偏高，一般为 3.2 ～ 3.9（因普遍含有微量硬矿物，如硬水铝石硬度 6 ～ 7、托帕石硬度 8、磷酸盐硬度 5±、石英硬度 7），相对密度 2.73 ～ 2.82。

与其他著名印石相比，东兴石虽透明度相对较差，普遍含有或多或少的砂钉，裂隙也较发育，但它也有一些色彩较好的品种。另外，加工试验证明：东兴石符合石雕工艺要求，由于其至今尚未充分利用，因此作为一种相对廉价的石材，若用于制作山水、人物、鸟兽、印章等，还是有一定发展前途的。

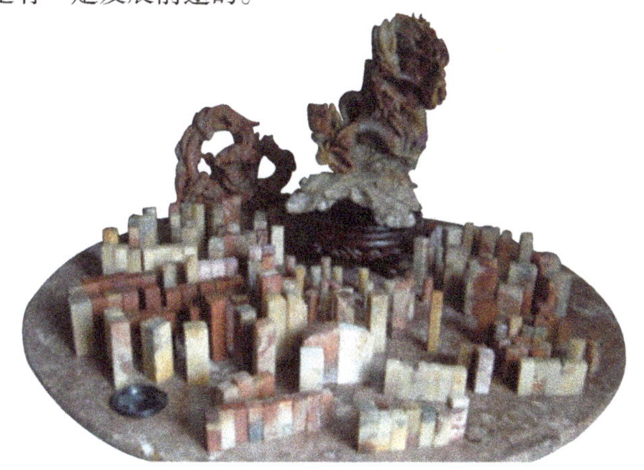

东兴石概貌

（五）溧阳石

溧阳石，产于江苏省溧阳市苏皖交界处的一种以叶蜡石为主要成分的彩石。

在地质构造上，溧阳石主要产于两个火山角砾岩筒之中，它们形成于 1 亿 ～ 2 亿年前的中生代。溧阳石一般具致密隐晶结构，组成矿物除叶蜡石外，尚有高岭石、绢云母，及少量的石英、黄铁矿、褐铁矿等，也常含有围岩——火山角砾岩的变余角砾。角砾的成分多种多样，以砂岩、硅化灰岩和石英岩居多。

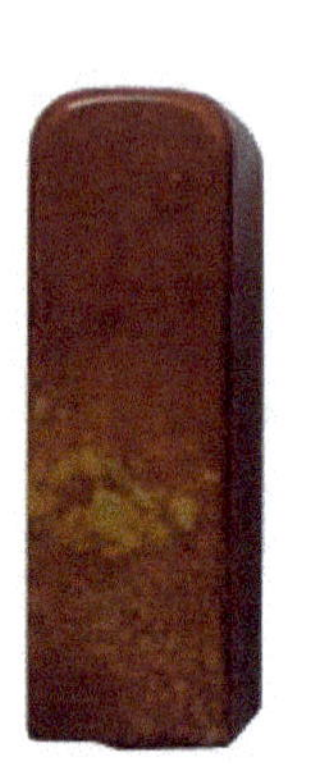
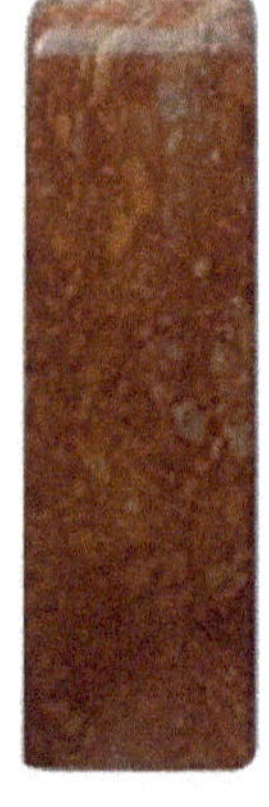

溧阳石

溧阳石一般为微透明到不透明，极少数也可呈半透明的"冻"状。蜡状光泽或油脂光泽。颜色有红、紫、紫红、黄、棕、绿、褐、灰、白和杂色相间。硬度一般介于 2.5 ～ 3（也有的较小或较大），相对密度 3.0 ～ 3.2。根据其颜色和花纹，可大致分出以下品种：溧阳红、溧阳紫、溧阳黄、溧阳瓷白、溧阳冻和溧阳花石、溧阳星点红、溧阳星点紫等，其中以溧阳红、溧阳冻、溧阳星点红和溧阳花石相对较优。

由于大多数溧阳石石质较粗，色泽不够艳丽，透明度也相对较差，因此其知名度远不及其他印石，除用于制作普通的廉价印章石外，也有少数用于石雕，制成摆件。

（六）云和石

云和石，又名"小顺石"。产于浙江省南部云和县东北 17 千米的小顺。

其实，浙江省南部的许多山区都有丰富的印石资源，其形成条件、产出状态、质地情况都与青田石十分相似，有人曾将它们笼统地归入"广义的青田石"。云和石便是其中之一。

云和石有白、黄、红等颜色，色彩鲜艳，花纹美丽。质地细腻温润，微透明至不透明。它不仅底子好，而且磨光面光洁细腻，有微透明的玉感，故有人认为其外观还胜青田石一等。惜其性软滞涩，石质较为脆裂。

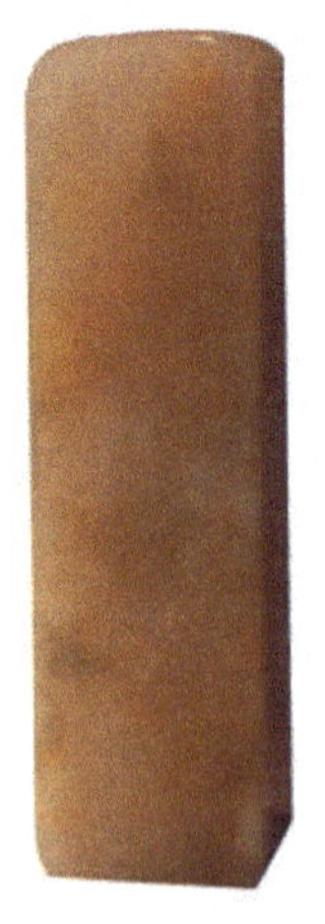

云和石

（七）福鼎石

福鼎石，系产于福建北部（近浙江省）福鼎县管阳乡境内的一种印石。福鼎距寿山石产地直线距离约 160 千米，但距青田石产地却不足百千米，所以福鼎石无论从其物质组成，还是结构特征等许多方面看，都近似青田石而不似寿山石。若其镌刻手法也采用青田的技艺，就很难与青田石区分。

福鼎石质细微松，含有细砂，偶有小孔洞，有粉绿、赭黄等色，并密布白色细点。

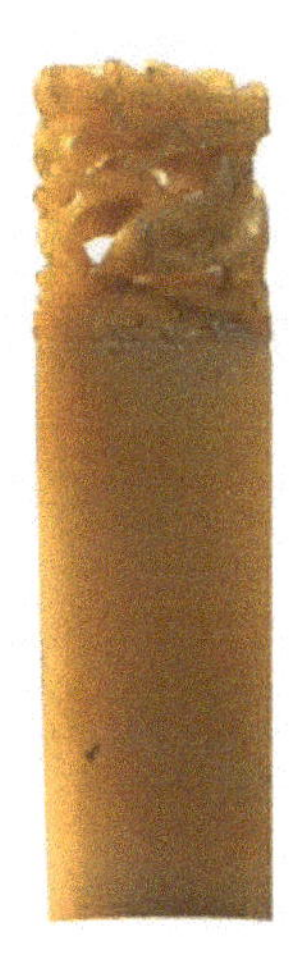

福鼎石

（八）丹东石

丹东石，一种近年出现在印石市场上的印石。惜其产地情况未见详细报道。已知在市场上有"丹东绿"和"丹东白"两个品种。

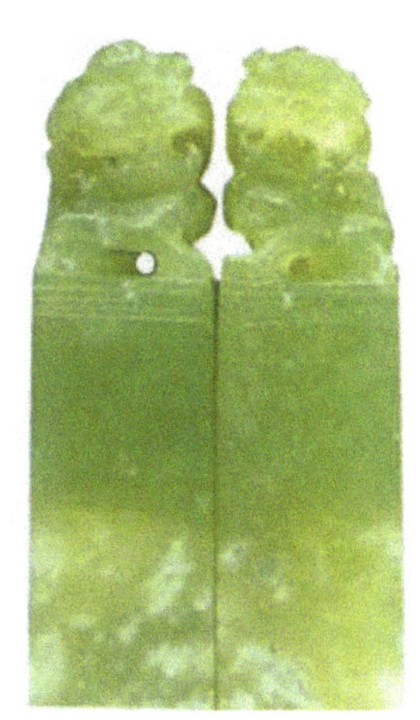

丹东绿

1. 丹东绿

常呈深绿色到暗绿色，亚透明到不透明，石质细腻，强光透视下可见包含有大量墨绿色的斑点，弱玻璃光泽，主要由斜绿泥石构成，铁含量相对较高，且几乎不含铬，故其色偏暗。具自形的显微鳞片结构，相对密度 2.67（某个样品的测定结果），硬度 2 ~ 2.5，适于篆刻。市场上常用于冒充寿山月尾绿，但月尾绿的矿物组成与其完全不同，是由含铬和铁的白云母构成，相对密度也较高，为 2.74。

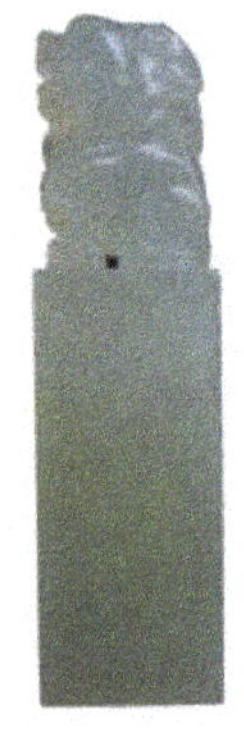

丹东白

2. 丹东白

白色，常带有浅灰绿色或浅褐色调，强光透视下常可见有黑色、褐色、深绿色斑点。蜡状光泽至弱玻璃光泽，微透明至半透明，极少数透明。主要由斜绿泥石组成，质地纤密，手感滑快，韧而涩刀。折射率 1.56，相对密度 2.53 ~ 2.68，硬度 2 ~ 3。市场上有用于冒充寿山坑头冻的。但和丹东绿一样，可根据其物质组成与寿山石区别。

（九）西安绿

西安绿，是近年出现在市场上的一种以绿色为基调的印石。惜产地情况未见详细报道，但根据其名称，推测其来自陕西西安附近。

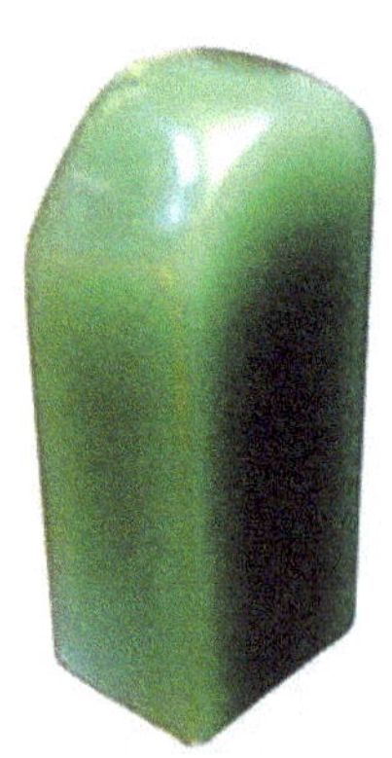

西安绿方章

这是一种具有较纯正鲜绿色的印石，有的甚至可以有非常好的像翡翠一般的翠绿色，但常夹杂有白色斑点状杂质（纯净者稀少），油脂光泽；主要由含铬、钒微量元素的含镁伊利石构成，具显微鳞片结构，片径 0.01 毫米左右，无定向性。市场上因其本身知名度不高，故也常被人用于冒充寿山月尾绿，但由于其铬含量明显高于月尾绿，且几乎不含铁，故其具有比月尾绿更艳的绿色。相对密度 2.84（某个样品的测定结果），硬度 3 左右。

（十）韩国石

韩国石，又称"朝鲜石"或"高丽石"。产于韩国南部的釜山附近，发现于 1935 年左右。

　　韩国石的主要物质为叶蜡石（也可能是地开石或高岭石），质细嫩而凝润，半透明到微透明，色艳而迷人，有红、白、黄、灰、黑各色。表里如一，纯洁而无杂质。红者，艳若桃花，有如寿山石中的美人红石，名"朝鲜红"；白者，如鱼脑冻，白水晶，称"朝鲜白"；黄者，似田黄或黄都成，但无"萝卜纹"（不过，有的也可以有"网状萝卜纹"），名"朝鲜黄"；赭黑色的似寿山石中的牛角冻石；还有一种，极似青田灯光冻，在灯光下呈红褐色，通体透明，称"朝鲜灯光冻"。好的韩国石也有网状萝卜纹（但不似田石的萝卜纹），有的还有呈平行状的牛毛纹，即一方印章石两面有平行纹，另两面则无纹。

　　早些年间，在中国台湾和香港市场上，常见有用"黄色朝鲜石"冒充田黄。这种情形，近年来也见于广州、北京。惟其石质软且松，易裂，不宜细雕，有的甚至娇嫩到了碰不起的地步，上手也没有寿山的手感好。

　　韩国石，也被人误称为"上海石"。这是因为早年它曾先运到上海后，再转到青田、寿山等地加工、雕琢后，以上海石的名义高价出售。

　　韩国石以凤凰山北麓所产较佳，比较纯净而艳丽，但亦嫌不够温润。比较可取的有玛瑙红及白色鱼脑冻，韩国桃花冻本来还可以，但摩挲久了，亦会因汗渍而使石色变暗。

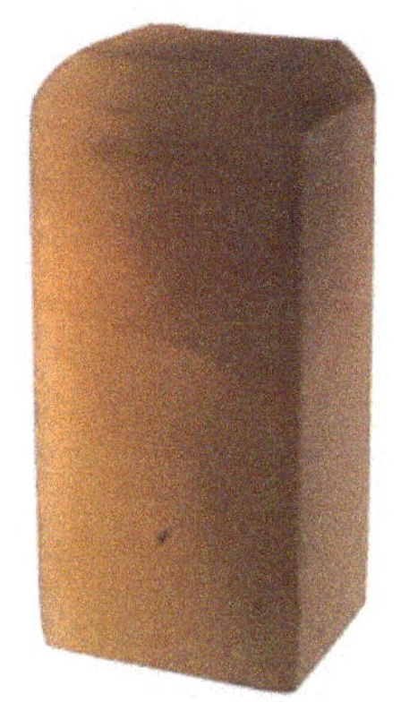

用于冒充田黄的朝鲜石（据高山）

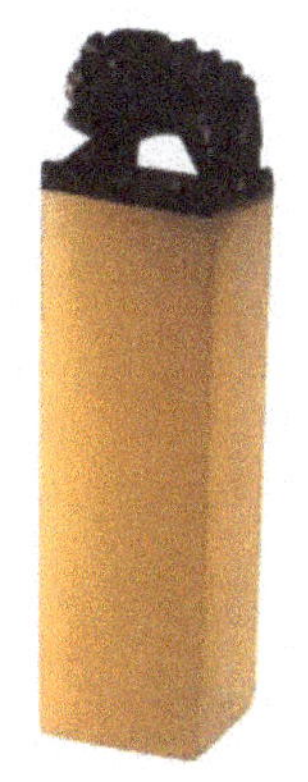

朝鲜石（据高山）

（十一）青海冻石

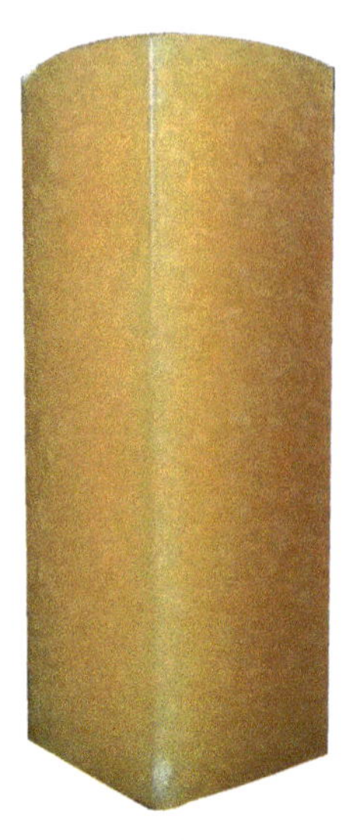

青海冻石——黄冻

青海冻石，产于我国青海的西宁盆地。矿石大多呈长径不大于 0.5 米的结核状或叠锥状，赋存于泥质岩石之中。

青海冻石，严格说来不属于印石的范畴，因为它的物质组成不是通常的含水层状硅酸盐矿物，而是硫酸盐矿物——石膏（$CaSO_4 \cdot 2H_2O$）。在青海冻石中，石膏的含量大多在 99% 左右，并一般以粒径在 0.064 ~ 0.162 毫米的微小晶粒状产出；另还有 1% 左右的半水石膏（$CaSO_4 \cdot 1/2H_2O$）和其他杂质。微透明到半透明，酷似其他印章石中的冻石，故名。硬度 2 左右，相对密度 2.3 ~ 2.5，但质地较脆。按其颜色和花纹可分六类：水晶冻（也常被称为"青海白"）、雪花冻、红花冻、茶冻、黄冻和绿冻。以雪花冻、红花冻和黄冻较为常见，绿冻最少见。因所含杂质的差异及透明度的变化，使其出现纹、条、带、点和球等多种花纹，并组合成云彩状、波纹状、斑纹状、脑纹状等。在不同品种中，水晶冻和黄冻的透明度较好，雪花冻透明度最差，硬度也最小。

青海冻石早在 1949 年前已开始利用，主要用作印石或雕刻小件工艺品，也有用作内墙装饰板材。

青海冻石的主要缺陷是有弱的水溶性，以及比其他印石更忌高温和长期的干燥环境。因为组成其他印石的含水层状硅酸盐中的水，主要是以（OH）根形式存在的"结构水"，而组成青海冻石的石膏中所含的是"结晶水"，它比结构水可在更低的温度环境下丢失。

青海冻石常被人用来冒充颜色相近的寿山冻石，但可以其硬度较低、指甲有可能刻划，及相对密度也较低来区分。若还有疑问，可刮取少许粉末置入硫酸中，可以发现它们很快就被溶解，而寿山石等不会。